Guía
para reconocer
los santos

BERTRAND GALIMARD FLAVIGNY

Guía
para reconocer
los santos

Cómo reconocer e identificar
más de 600 figuras bíblicas

dve
PUBLISHING

A pesar de haber puesto el máximo cuidado en la redacción de esta obra, el autor o el editor no pueden en modo alguno responsabilizarse por las informaciones (fórmulas, recetas, técnicas, etc.) vertidas en el texto. Se aconseja, en el caso de problemas específicos —a menudo únicos— de cada lector en particular, que se consulte con una persona cualificada para obtener las informaciones más completas, más exactas y lo más actualizadas posible. EDITORIAL DE VECCHI, S. A. U.

© Editorial De Vecchi, S. A. 2018
© [2018] Confidential Concepts International Ltd., Ireland
Subsidiary company of Confidential Concepts Inc, USA
ISBN: 978-1-68325-852-0

Sumario

Advertencia

MIENTRAS RELEÍA ESTE LIBRO, me acostumbré a llamarlo los *santos atributos*. Y debería convertirse en eso mismo, pues aunque tengo cierto conocimiento de la historia de los santos, mi cultura no es tan vasta como para reconocerlos a todos. Me faltaba una herramienta que pudiera guardar en el bolsillo y consultar cuando lo necesitara, durante mis visitas a museos, iglesias, capillas e incluso calles, pues los santos están por todas partes. Vivimos con ellos y ellos viven con nosotros.

Esta obra tiene la única pretensión de servir de guía. No es un martirologio ni un calendario litúrgico, sino una vía que permite acceder directamente a la identificación de los santos. El doble listado le permitirá reconocer fácilmente al personaje representado, sea usted un amante del arte, un religioso, un paseante o el admirador de una escultura, un cuadro o una vidriera. Por ejemplo, en la joven que apoya contra su pecho un cáliz coronado por la Sagrada Forma podrá reconocer a Santa Bárbara, que la iconografía suele representar con balas, una espada, una pluma de pavo real o junto a una torre (normalmente en forma de faro) provista de tres ventanas. A partir de esta información, tendrá la opción de remitirse a otras obras más completas y conocer más datos.

EL AUTOR

Introducción

YA SEAMOS RELIGIOSOS, YA ATEOS, cristianos o no cristianos, los santos forman parte de nuestra vida. Están por todas partes, en las ciudades y en los pueblos. En España hay cientos de pueblos que llevan el nombre de un santo, como San Martín, San Pedro, San Vicente y San Jorge. En muchas calles basta con levantar la cabeza para contemplar un nicho, y las habitaciones y los salones de muchas casas están adornados con cuadros y esculturas de santos.

En las iglesias y las capillas, los santos ocupan su lugar natural en las vidrieras, sobre el altar, en los frescos y en las estatuas. Nuestra cultura se funda, esencialmente, en la cristiandad: basta con entrar en los museos para constatar que la mayoría de los cuadros están inspirados en escenas religiosas. ¡Y lo mismo ocurre en la pequeña pantalla! Todas las noches, el hombre del tiempo anuncia la festividad del día siguiente. La mayoría de nuestros nombres pertenecen a santos. Los padres eligen un santo para que proteja a su hijo y le conceden su nombre. Si una madre invocaba a Santa Teresa de Lisieux para que protegiera la cuna de su hija, al crecer esta prefería encomendarse a Santa Teresa de Ávila.

De hecho, todos somos santos, pues la Iglesia celebra el primer día de noviembre la festividad de Todos los Santos o, dicho de otro modo, de todas las almas que han sido recibidas en la plenitud del Señor. Aunque en los escritos apostólicos *santo* equivale a *cristiano*, no todos los cristianos han sido «elevados a los altares», como dice la expresión sagrada.

Los hombres y las mujeres que han sido santificados a lo largo de los siglos han sido beatificados o canonizados por la Iglesia para reconocerlos de forma oficial. Los primeros santos fueron principalmente mártires. A finales del siglo vi les llegó el turno a los Padres de la Iglesia, los frailes y los padres espirituales que «profesan su fe sin verter su sangre y hacen de su "confesión" una equivalencia a la del mártir». «Mortificad y crucificad vuestro cuerpo y recibiréis también la corona de los mártires», escribió San Juan Crisóstomo.

Durante su pontificado, de 1978 a 2005, el papa Juan Pablo II santificó a 482 fieles y beatificó a 1338. También incrementó su número en el calendario litúrgico. Después de 2000 años de cristiandad, ¿cuántos son los fieles que han recibido esta distinción? Las hagiografías, las *Actas de los mártires*, las *Pasiones*, las *Vidas de los santos*, las leyendas (como *La leyenda áurea* y *La flor de los santos*, de Santiago de la Vorágine) y los martirologios (obras consagradas a las biografías de los santos) están repletos de nombres conocidos y desconocidos de servidores de Dios. En sus orígenes, la Iglesia carecía de un registro y la santificación era reemplazada por la aclamación popular. Los mártires que daban la vida por su fe en Jesucristo eran venerados y, con frecuencia, sus tumbas se convertían en lugares de peregrinación. En el año 993, el papa Juan XV reconoció por primera vez a un santo, Ulrico de Augsburgo, cuyo nombre quedó inscrito en el canon o lista oficial de santos a los que está permitido rendir culto.

San Jerónimo estableció el primer martirologio en el siglo iv, apoyándose principalmente en los calendarios de los santos de origen romano, africano y sirio. Esta obra, considerada apócrifa, era un compendio de distintos calendarios. Sin embargo, no nos corresponde aquí citar la bibliografía de todos los martirologios que establecieron los religiosos, entre los que destaca el del fraile Usuardo (siglo ix), que ejerció una gran influencia sobre muchos de sus sucesores.

El único martirologio que tiene autoridad a los ojos de la Iglesia romana es el martirologio romano, cuya primera edición se publicó en el año 1583 bajo la dirección del cardenal Baronio. Gregorio XIII ordenó la revisión del calendario juliano, que fue reemplazado por el gregoriano. En los años 1584, 1586 y 1589 se realizaron diversas rectificaciones en el martirologio romano, que se repitieron en 1630 bajo la dirección del papa Urbano VIII. En 1748, Benedicto XIV participó en una nueva edición que suprimió los nombres de todos aquellos que eran considerados santos sin que existieran pruebas de su condición. La edición de 1756 incluía 1486 entradas, mientras que la del año 1959 ascendía a 2565. El uso de una fecha festiva vinculada a cada uno de los nombres se remonta a este periodo, en el que la Iglesia impuso una lista para que los padres eligieran al santo protector de sus hijos recién nacidos.

El Concilio Vaticano II decidió que las biografías de los mártires y los santos debían concordar con la realidad. Fue entonces cuando San Jorge, Santa Filomena, Santa Bárbara e incluso San Cristóbal desaparecieron del calendario romano general.

La última versión contiene una lista de siete mil santos y beatos venerados por la Iglesia y a los que se les puede rendir culto como «modelos dignos de ser imitados». Para tratarse de la Iglesia universal, el número es bastante reducido, sobre todo teniendo en cuenta que el martirologio romano incluía cuarenta mil santos.

Es importante establecer la diferencia entre un martirologio y un calendario: el clero no celebra las festividades inscritas en el primero, pero sí las que figuran en el segundo. De hecho, el misal de los domingos deriva del calendario, que contiene ciento ochenta nombres.

¿CÓMO SE RECONOCE A UN SANTO en una iconografía? En primer lugar, por el halo o la aureola que hay encima o detrás de su cabeza. Este signo distintivo se empezó a utilizar en el siglo VI. Lentamente, hacia la mitad del siglo XIII, se fueron imponiendo códigos simples, como: la palma para los mártires; la flor de lis para las vírgenes; el libro para los diáconos y los doctores de la Iglesia; las filacterias para los profetas; el báculo y la mitra para los obispos; la corona y el orbe para los soberanos; la espada y la lanza para los militares, y la maqueta de una iglesia o un monasterio para los fundadores o constructores.

Todo esto seguía siendo insuficiente para los iconógrafos, que a principios del siglo XIV y bajo la influencia del realismo empezaron a jugar con los nombres. Así fue como San Lupus heredó un lobo, Santa Inés un cordero y Santa Paloma... una paloma. ¡Seguro que San Vicente nunca imaginó que su figura se asociaría a un barril de vino! También entraron en juego los oficios: al ser orfebre, a San Eloy le atribuyeron un martillo y un yunque, mientras que San Cosme y San Damián, que eran médicos, llevaban consigo una caja de ungüentos.

La historia de estos personajes también permite identificarlos: San Lorenzo aparece con la parrilla en la que fue martirizado; Santa Apolonia de Alejandría muestra las tenazas con las que le arrancaron los dientes; Santa Lucía lleva sus ojos en una bandeja, y Santa Águeda de Catania hace lo propio con los senos que le amputaron. La leyenda también ha participado en estas representaciones, como el ciervo con una cruz entre la cornamenta de San Humberto, el cerdo de San Antonio y los tres niños en la tina de sal de un carnicero de San Nicolás.

Es importante diferenciar los atributos de los símbolos que establecen ciertos autores. Por ejemplo, el dragón atravesado por la lanza del arcángel San Miguel, San Jorge y muchos otros santos es un símbolo o una alegoría, pero no un atributo. De la misma forma, el cordero y la dulzura, el pelícano y la caridad, el ave fénix y la resurrección, el león y la fuerza, y la serpiente y el mal son figuras simbólicas. En cambio, la cruz entre las manos de San Andrés, el cáliz que sujeta San Juan, el cuchillo de San Bartolomé o la escuadra de Santo Tomás son atributos.

Todos los santos tienen su historia, pero pocos cuentan con un atributo. Nuestra investigación nos ha permitido reunir a unos seiscientos santos que comparten aproximadamente cuatrocientos atributos, aunque cabe señalar que varios santos cuentan con diversos atributos. Por ejemplo, Santa Adelaida aparece representada con una corona real y un pequeño velo, nubes con ángeles, una barca en la que huye, cadenas abiertas a sus pies, la maqueta de una iglesia en la mano, un libro o un misal abierto ante ella y las manos cruzadas sobre el pecho. Sin embargo, estos atributos no aparecen juntos. Por su parte, Águeda de Catania cuenta con once atributos distintos, mientras que San Nicolás de Bari dispone de muchos más.

Los atributos más frecuentes son los ángeles, la paloma, la corona de espinas o rosas, la cruz, el crucifijo, el rosario, el corazón y el dragón. La representación de libros también es habitual, pues estas obras suelen simbolizar la Biblia, un misal o la regla de una congregación.

Ciertos atributos dan lugar a confusión porque son comunes a varios santos. Pensemos por ejemplo en los ángeles: sus distintas actitudes nos permiten reconocer a los santos a los que hacen referencia. Están en las nubes alrededor de Santa Adelaida y de San Antonio de Padua. Sin embargo, sólo un ángel se comunica con Santa Inés de Montepulciano o guía a Santa Aldegunda. En cambio, son varios los que sujetan una corona de espinas y un rosario junto a Santa Gertrudis de Helfta.

Al cura de Ars (Francia), San Juan María Vianney, se le reconoce por su aspecto físico (el rostro descarnado y bondadoso), pero también se le distingue por la sobrepelliz y la estola que viste. San Juan Bosco, por su parte, suele representarse con birrete y sotana.

Con la llegada de la fotografía, los atributos y los símbolos que permitían identificar a un santo pasaron a ocupar un segundo lugar para ser reemplazados por su imagen auténtica. El último santo que fue representado con un atributo fue Maximiliano María Kolbe, un fraile polaco que murió en un campo de concentración. Sus gafas y el siniestro pijama de rayas se convirtieron en sus símbolos.

El discurso teológico da a entender que los atributos son signos destinados a manifestar una realidad divina. Hacen corresponder lo humano y lo divino. En esta obra nos hemos centrado en estos signos de reconocimiento porque son los que nos hemos acostumbrado a ver alrededor de los santos y los que nos permiten identificarlos.

Guía de santos

ABDÓN Y SENÉN
Siglo III. Persia

Traje persa y gorro frigio o corona en la cabeza. La espada con la que fueron decapitados.

ACACIO DE ANTIOQUÍA
Siglo II. Antioquía (Turquía)

Espada y crucifijo. Corona de espinas.

ACARDO
Siglo VII. Francia. Abad de Jumièges

Rayo de sol al que une sus guantes.

ACAZ DE AMIENS
Siglo III (¿?). Francia

Cráneo hundido. Espada de madera hundida en el cráneo.

ACISCLO
Siglo IV. Córdoba. Mártir

Joven coronado de rosas, junto a Santa Victoria.

ADELAIDA
Siglo X. Hija del rey de Borgoña y emperatriz de Alemania

Corona real con un pequeño velo. Ángeles en las nubes. Embarcación en la que huye. Cadenas abiertas a sus pies. Maqueta de iglesia en la mano. Libro (misal) abierto ante ella. Manos cruzadas sobre el pecho.

ADELAIDA DE BELLICH
Siglo XI. Colonia (Alemania). Abadesa

Pan en la mano.

ADELINO
Siglo VII. Limoges (Francia); Maastricht (Países Bajos). Señor feudal y fraile

Paloma sobre el hombro.

ADRIÁN DE FORTESCUE
Siglos XV-XVI. Inglaterra. Mártir

Muñecas atadas. Manto con la cruz de Malta.

ADRIANO
Siglo IV. Nicomedia (Asia Menor). Oficial romano

Coraza, manos cortadas.

Afra de Augsburgo
Siglo IV. Augsburgo (Alemania). Cortesana

Muñecas atadas.

Afrodisio
Siglo III. Egipto; Béziers (Francia). Obispo

Camello.

Agapito
Siglo III. Mártir

Colgado cabeza abajo sobre las llamas de una hoguera. Entre dos leones.

Agrícola
Siglo VIII. Fraile de Lérins (Francia) y obispo de Aviñón

Cigüeña a sus pies o que lleva en el pico una serpiente. Libro (misal) abierto que lee.

Águeda de Catania
Siglo III. Sicilia (Italia)

Hoguera. Cabellera. Corona de mártir entre las manos. Cruz ante la que reza. Manos levantadas. Diadema con perlas en la cabeza. Joven que lleva los senos sobre una bandeja. Pechos desnudos y desgarrados por sus verdugos. Tenazas que arrancan sus senos. Poste en el que está atada. Velo sobre la cabeza.

Agustín de Hipona
Siglos IV-V. Obispo de Hipona y doctor de la Iglesia

Corazón ardiente y perforado por las flechas. Concha con un niño. Libro cerrado que sujeta con ambas manos.

Agustín Novelli (beato)
Siglo XI. Italia. Religioso de la Orden de San Agustín

Libro cerrado que sujeta con ambas manos. Ángel hablándole al oído.

Aidan de Lindisfarne
Siglo VII. Irlanda

Ciervo tumbado a sus pies. Estrella. Antorcha.

Alain de la Roche
Siglo XV. Religioso de la Orden de Predicadores (dominicos)

Rosario.

Alberico
Siglo VIII. Holanda. Obispo de Utrecht

Libro (misal) abierto en la mano izquierda, que señala con la derecha.

Alberto de Lieja (o de Lovaina)
Siglo XII. España. Obispo de Lieja

Espadas a sus pies. Ermita. Cruz de madera plantada sobre el camino. Libro que lee. Pala de horno con panes.

Alberto Magno
Siglo XIII. Alemania. Religioso de la Orden de Predicadores (dominicos) y obispo

Trono sobre el que se sienta. Astrolabio en la mano. Bonete de doctor. Alumnos. Cruz de oro en el pecho. Pluma y libro. Virgen y niño coronado que aparece entre las nubes.

Alberto de Mesina

Siglo xiii. Sicilia (Italia). Religioso de la Orden del Carmelo (carmelita)

Crucifijo entre lirios. Diablo encadenado a sus pies. Lámpara.

Albino

Siglos v-vi. Angers (Francia). Obispo

Dando limosna. Poseídos a sus pies.

Aldalberto de Praga

Siglo x. República Checa. Obispo

Águila velando su cadáver. Chuzo con púas.

Aldegunda

Siglo vii. Maubeuge (Francia). Monja

Libro (misal) abierto en la mano. Cetro pisoteado. Ángel que la guía. Vara (de chantre) para dirigir el coro. Paloma que sujeta su velo.

Alejandro I

Siglo ii. Roma. Papa

Clavo. Rollo de pergamino.

Alejandro Sauli

Siglo xvi. Pavía (Italia)

Biblia. Crucifijo sobre una mesa. Mano derecha sobre el pecho. Estatua de San Pablo con la espada, colocada sobre la mesa.

Alejo Falconieri

Siglo xiv. Caffagio (Italia). Fundador de la Orden de los Servitas o Siervos de María

Palomas reunidas alrededor de su cuerpo agonizante. Disciplina en la mano.

Alejo mendigo

Véase pág. 19.

Alfonso María de Ligorio

Véase pág. 20.

Alfonso Rodríguez

Siglos xvi-xvii. España. Religioso de la Compañía de Jesús (jesuita)

Llave. Rosario. Durante el éxtasis, María limpia su frente con una esponja.

Alirio de Clermont

Siglo iv. Francia. Obispo

Enfermo al que cura.

Alodia y Nunilo

Siglo ix. Huesca

Niñas mártires. Una junto a la otra, cogidas de la mano.

Alodio

Siglo v. Obispo de Auxerre (Francia)

Con un salterio en la mano.

Alton

Siglo viii. Irlanda; Bavaria. Obispo

Sierra. Pájaros que transportan pedazos de madera.

Álvaro de Córdoba

Siglo xv. España. Religioso de la Orden de Predicadores (dominicos)

Crucifijo sobre los hombros.

Amable de Riom
Siglo v. Francia. Taumaturgo

Serpientes. Un ángel que le ofrece los santos óleos. Casa en llamas.

Amadeo IX de Saboya
Siglo xv. Italia. Príncipe

Pieza de oro entregada a los pobres. Cartel con las palabras: «Sed justos, amad a los pobres». Bolsa en la mano. Medallón de la Orden de la Anunciación.

Amador
Siglo III. Quercy (Francia). Santo legendario

Cierva.

Amando
Siglos vi-vii. Obispo de Maastricht (Países Bajos)

Serpiente retrocediendo a sus pies.

Amaro
Marinero y peregrino

Ermitaño. Bordón, libro abierto.

Ambrosio de Milán
Véase pág. 23.

Ambrosio Sansedoni
Siglo XIII. Italia. Religioso de la Orden de Predicadores (dominicos)

Paloma en la oreja. Ciudad de Siena sobre una meseta.

Ana
Siglo i. Israel. Madre de María

Madre que enseña a su hija (María) a leer; con su hija pequeña.

Ana María Taigi
Siglos xviii-xix. Roma. Madre de familia

Vestida como la burguesía romana.

Anastasia
Siglo iv. Roma. Virgen

Estaca. Caja de ungüentos. Corona de flores. Espada romana. Palma. Libro de plegarias. Tijeras.

Andrés
Siglo i. Betsaida (Israel). Apóstol de Jesús

Cruz en forma de X. Cuerdas. Red de pescador.

Ángela de Mérici
Véase pág. 24.

Aniceto
Siglo ii. Siria. Papa

Tiara. Rueda.

Anselmo de Canterbury
Siglo xi. Aosta (Italia). Doctor de la Iglesia

Barco en la mano. Pluma de escriba. Herejes a sus pies.

Anselmo de Lucca
Siglo xi. Norte de Italia. Obispo

Ejército.

Alejo Mendigo

Santo legendario. Nació y murió en Roma, siglos IV-V

Aunque las personas lo invocan con frecuencia, Alejo fue eliminado del calendario romano durante la reforma de 1970, debido al parecido que guardaba su vida con la leyenda. Esta, escrita aproximadamente en el año 455 y modificada durante el trascurso de los siglos, fue objeto de una gran atención en Oriente y Occidente a finales de la Edad Media.

Nacido en el seno de una familia adinerada e hijo de nobles romanos, fue educado en la fe cristiana y prometido a la fuerza con una joven a la que abandonó el mismo día de la boda para respetar su voto de castidad.

Entonces realizó un peregrinaje a Tierra Santa, antes de instalarse en Edesa, donde entregó todos sus bienes a los pobres. Convertido en indigente, vivía de la caridad y las limosnas cuando tuvo una visión de la Virgen sobre un soportal de la Iglesia: aquella se dirigió a él llamándole hombre de Dios y lo invitó a entrar con ella en el santuario.

El rumor de su santidad se extendió con tal rapidez entre la gente que Alejo, una vez más, se vio obligado a huir. Regresó de incógnito a Roma, donde sobrevivió durante diecisiete años en unas condiciones miserables bajo la escalera de la casa de su padre, que no conoció su identidad hasta que leyó el pergamino que encontraron junto a su cadáver.

El popular cuadro de Georges de la Tour, *El cuerpo de San Alejo* (1648), expuesto en la Galería Nacional de Dublín, describe esta triste historia, que fue narrada con todo lujo de detalles en un magnífico poema del siglo XI, *La vida de San Alejo* (1040), una gran obra literaria compuesta por ciento veinticinco estrofas de versos decasílabos.

ATRIBUTOS

Lirio de la virginidad. Escalera bajo la que vivió y murió. Carta en la mano. Cruz del cristianismo. Rosas. En las pinturas dedicadas a su figura, adopta los rasgos de un peregrino asceta.

FUNCIONES

Patrón de los mendigos. Invocado por quienes desean desdecirse del matrimonio y por aquellos que temen sufrir una muerte terrible.

GUÍA DE SANTOS **19**

Alfonso María de Ligorio

Doctor de la Iglesia. Nació en Nápoles en 1696 y murió en 1787

Este aristócrata de gran talento, originario de la región de Nápoles, renunció a su brillante carrera de abogacía tras ocho años de ejercicio, desanimado por la corrupción de sus colegas. Ordenado sacerdote a los treinta años de edad, se centró de inmediato en los más necesitados. En el año 1732 fundó una pequeña comunidad junto a cuatro compañeros que, como él, deseaban vivir siguiendo el ejemplo de Jesucristo. La Congregación del Santísimo Redentor (más conocida como la Orden de los Redentoristas) se expandió con gran rapidez por toda Italia y fue aprobada de forma oficial por el papa Benedicto XIV en el año 1749. Seis años antes, Alfonso María de Ligorio había sido elegido superior general de los redentoristas. En el año 1762, el papa Clemente XIII lo nombró obispo de Santa Águeda de los Godos, una pobre diócesis del sur. Permaneció en ella quince años, quizá como castigo por la postura que había adoptado con respecto a la caridad y la misericordia en una época en la que las concepciones rigoristas de los jansenistas disfrutaban de los favores de la Iglesia y las altas clases sociales de la época.

A los setenta y cinco años le permitieron regresar junto a su congregación, en Nocera Inferiore (antes, Nocera dei Pagani, Italia), donde vivió el resto de su vida aquejado de graves enfermedades. Fue canonizado en el año 1839, proclamado doctor de la Iglesia por Pío IX en 1871 y designado patrón de los confesores y de los profesores de teología moral por Pío XII en 1950.

Su congregación, entregada a un apostolado de misiones muy diversas, se desarrolló primero en Polonia y en Austria, antes de extenderse por el resto de Europa y el mundo. Hoy en día cuenta con más de seis mil quinientos miembros en los cinco continentes.

ANTOLÍN DE PAMIERS
Siglo VI. Francia. Mártir

Pies cortados.

ANTONINO DE FLORENCIA
Siglos XIV-XV. Italia. Obispo de Florencia

Cruz arzobispal en la mano izquierda. Toga sobre la capa negra de los frailes dominicos. Balanza en la mano derecha, con fruta en un lado y un billete en el otro.

ANTONIO ABAD
Véase pág. 27.

ANTONIO MARÍA CLARET
Siglo XIX. España. Obispo

Vestido con muceta y bonete; aparición de la Virgen.

ANTONIO DE PADUA
Véase pág. 28.

APOLINAR
Siglo III. Antioquía (Turquía); Rávena (Francia). Obispo

Rodeado de ovejas.

APOLONIA DE ALEJANDRÍA
Siglo III. Alejandría (Egipto). Mártir

Mandíbula fracturada. Diente arrancado por unas tenazas o dientes rotos.

ARÉ
Siglo VI. Nevers (Francia). Obispo

Barca.

Representación del papa Aniceto (c. 155-166). Grabado extraído de *La storia dei papi del card. Hergenrother*. 1898, colección privada © Costa/Leemage

ARMANDO DE MAASTRICHT
Siglos VI-VII. Obispo

Dragón. Serpiente en la mano o a los pies.

ARMELIO
Siglo VI. Ploërmel (Francia). Anacoreta

Vistiendo harapos. Capturando un dragón alado con una estola. Hisopo.

ARNULFO DE METZ
Siglos VI-VII

Coraza. Pez que sostiene en la boca su anillo episcopal. Horquilla en la mano (para remover la malta).

Atanasio de Alejandría

Véase pág. 31.

Auberto de Cambrai

Siglo VII. Francia. Obispo

Asno cargado con cestas de pan, con una bolsa alrededor del cuello. Pala de panadero.

Áurea de San Millán

Siglo XI. San Millán. Eremita de la Orden de San Benito (benedictinos)

Vestida de religiosa, mano sobre el corazón.

Baldomero

Siglo VII. Francia. Herrero o forjador

Yunque, martillo y tenazas.

Bárbara

Siglo III (¿?).Asia Menor. Mártir

Bombarda o cañón. Píxide coronada por una hostia. Torre en forma de faro con tres ventanas. Espada. Pluma de pavo real.

Bartolo Longo

Siglos XIX-XX. Brindisi (Italia). Fundador del santuario de Nuestra Señora del Rosario de Pompeya y de diversas obras educativas

Manto blanco con la cruz de Jerusalén. Vestido con traje.

Bartolomé

Siglo I. Caná de Galilea (Israel). Apóstol de Jesús

Piel que le cuelga del brazo. Escala. Bastón. Cuchillo.

Basilio Magno

Siglo IV. Cesarea de Capadocia (Turquía). Obispo

Vestiduras de obispo. Libro.

Bavón de Gante

Siglo VII. Bélgica. Soldado y, después, eremita

Halcón.

Beatriz de Ornacieux

Siglos XIII-XIV. Francia. Religiosa de la Orden de San Bruno (cartujos)

Estigmas.

Bega de Andenne

Siglo VII. Flandes (Bélgica). Abadesa

Lleva un santuario con siete campanarios.

Benigno

Anterior al siglo VI. Dijon (Francia). Obispo

Leznas (punzones) hundidas en cada uno de sus dedos. Barra de hierro en la nuca. Lanzas que atraviesan su pecho.

Benito José Labre

Véase pág. 32.

Benito de Nursia

Siglos V-VI. Fundador de la Orden de San Benito (benedictinos)

Árbol. Campana partida. Cuervo. Varas. Copa de la que escapa una serpiente.

Ambrosio de Milán

Obispo, padre y doctor de la Iglesia latina. Nació en Tréveris (Italia) c. 340 y murió en Milán en 397

Hijo de un prefecto romano de la Galia, Ambrosio estudió letras y jurisprudencia en Roma y fue secretario del prefecto de la ciudad. A los treinta y un años se convirtió, a su vez, en prefecto de las provincias de Emilia y Liguria, con residencia en Milán.

El obispo de la ciudad, Auxencio, profesaba el arrianismo (es decir, no creía en la divinidad de Jesús), de modo que tras su muerte sus partidarios tuvieron que enfrentarse a la facción ortodoxa. Todos amenazaban con matarse entre sí, pero Ambrosio logró conciliar a ambas partes de forma temporal. Entonces, el pueblo entero lo aclamó y lo proclamó obispo entre aplausos y vítores de alegría. Ambrosio, que se consideraba un simple catecúmeno, huyó al campo y reapareció tras varias peripecias que no hicieron más que reforzar su leyenda.

Años después se convirtió en una autoridad indiscutible de la cristiandad de Occidente. Defendió la integridad de la Iglesia contra ataques de todo tipo, y supo negociar y tratar hábilmente con la emperatriz Justina, arriana convencida y una dama muy temida por sus diatribas. Más adelante, cuando el feroz y sanguinario Teodosio I el Grande masacró a más de cinco mil habitantes de Tesalónica que se habían sublevado, Ambrosio le prohibió la entrada en la catedral. El malvado emperador se vio obligado a rectificar y, ante los ojos de todos, se sometió a las exigencias de Ambrosio, y pidió perdón para ser readmitido de nuevo y recibir la comunión.

Este santo siempre mostró una actitud ejemplar hacia los ricos y poderosos, y nunca ignoró los principios de la fe.

ATRIBUTOS

Paloma. Abeja o colmena de paja trenzada. Látigo de tres colas. Osario.

FUNCIONES

Patrón de los apicultores.

Ángela de Mérici

Fundadora de las Hermanas Ursulinas. Nació en Desenzano del Garda (Italia) c. 1474 y murió en Brescia (Italia) en 1540

Crucifijo sobre los pies o sujeto en la mano, a veces florido o situado cerca de un lirio. Escalera. Hojas de papel. Libro abierto.

FUNCIONES

Patrona de las jóvenes madres de familia, la invocan aquellas mujeres que quieren mantener su castidad.

Esta joven del norte de Italia tuvo siempre muy clara su vocación religiosa. Un buen día tuvo una visión de la misión que le había sido encomendada y decidió consagrar su vida a la educación de las jóvenes. Huérfana desde la adolescencia, y rica e independiente pero analfabeta, empezó por aprender a leer y a escribir. Después realizó varios peregrinajes a Tierra Santa y, una vez de vuelta en Italia, ingresó en la Tercera Orden Regular de San Francisco para servir a los pobres y a los enfermos. Su devoción carecía de límites.

Años después fue destinada a Brescia, donde reunió a varias compañeras con las que fundó, en el año 1535, la primera congregación femenina centrada en labores educativas. Ella misma redactó sus normas en veinticinco capítulos según una fórmula original que, debido a la presión de las autoridades eclesiásticas, fue perdiendo su elasticidad inicial: en un principio, la Orden de las Ursulinas (llamadas así por ser Santa Úrsula su patrona) no era de clausura. Las ursulinas no vestían hábito, vivían con sus familias, se movían libremente por la ciudad y únicamente se reunían una vez al mes. Sin embargo, poco después de la muerte de Ángela, el obispo de Milán, Carlos Borromeo, recibió la aprobación del papa Gregorio XIII para imponerles el uso de hábito, la obligación de formular tres votos simples y la vida en comunidad. En el año 1581, la orden contaba ya con seiscientas religiosas repartidas en dieciocho casas pero, en el siglo XVII, el papa Pablo V decidió convertirla en una orden de clausura. En el siglo XIX, tras la Revolución, las ursulinas retomaron su actividad con más fuerza que nunca y hoy en día están presentes en los cinco continentes. Ángela de Mérici fue canonizada en 1861 por Pío IX.

BERNABÉ
Siglo I. Chipre; Salamina. Apóstol, compañero de San Pablo

Bordón.

BERNADETTE SOUBIROUS
Siglo XIX. Francia. Religiosa

Arrodillada delante de la basílica de Lourdes. Rosal silvestre delante de la gruta. Haz de leña. Ovejas. Zuecos. Delante de la aparición de la Virgen.

BERNARDINO DE SIENA
Siglo XV. Italia. Predicador

Aureola luminosa. La Virgen apareciéndose ante él. Tres mitras.

BERNARDO DE CLARAVAL
Siglos XI-XII. Francia. Abad de la Orden Cisterciense

Colmena. Perro blanco. Hostia en la mano. Rueda. Mitra a los pies.

BERNARDO DE CORLEONE
Siglo XVII. Palermo (Italia). Religioso de la Orden de los Hermanos Menores Capuchinos

Rayo luminoso. Jarra dispuesta sobre una mesa. Hogaza de pan.

BERNARDO DE MENTHON
Siglo XI. Aosta (Italia). Archidiácono

Diablo que un diácono sujeta con una cadena. Perro con una cantimplora al cuello.

Bernadette Soubirous (1844-1879) en hábito de religiosa. Grabado de 1877
© Lee/Leemage

BERNARDO TOLOMEO
Siglos XIII-XIV. Siena (Italia). Fundador de la Congregación Olivetana según la Regla de San Benito

Rama de olivo.

BERTA
Siglo VII. Abadesa.

Eremita. Báculo y libro en la mano.

BERTHUIN
Siglo VII. Malonne (Bélgica). Obispo

En la mano, iglesia con cinco campanarios.

BERTRÁN DE COMINGES
Siglo XII. Francia. Sobrino de Roberto *el Piadoso*; obispo

Bendiciendo un árbol. Mula con la cola cortada.

BLANDINA DE LYON
Siglo II. Lyon (Francia). Mártir

Red. León. Toro. Oso.

BLAS DE SEBASTE
Siglo IV. Armenia. Obispo; mártir

Sujeta dos cirios cruzados.
Rastrillo de cardar.

BONIFACIO DE MAGUNCIA
Siglos VII-VIII. Maguncia (Alemania).
Arzobispo y mártir

Libro (evangeliario) atravesado por una
espada. Hacha hundida en un tronco
de árbol. Fuente a sus pies.

BRÍGIDA DE SUECIA
Siglo XIV. Suecia. Fundadora de la Orden
del Santísimo Salvador

Libros. Pupitre. Columna de la
flagelación y látigo. Instrumentos
de la Pasión bajo los brazos. Corazón
con la cruz de Jerusalén. Corazón
ardiente. Cinco llamas rojas.

BRIOC DE BRETAÑA
Siglos V-VI. Gales. Obispo y abad

Tres bolsas. Paloma sobre la cabeza.
Lobo.

BRUNO DE COLONIA
Siglos XI-XII. Alemania. Fundador de la Orden
de San Bruno (cartujos)

Sayal blanco con una estrella.
Mitra y báculo a sus pies.

BUENAVENTURA DE FIDANZA
Véase pág. 35.

CAMILA DE AUXERRE
Siglo V. Italia. Virgen

Lirio.

CAMILO DE LELIS
Véase pág. 38.

CARLOS BORROMEO
Siglo XVI. Milán (Italia). Obispo

Comunión. Cuerda.

CASILDA DE TOLEDO
Siglo XI. Toledo. Musulmana conversa

Vestida con una rica túnica. Rosas en
los pliegues de su túnica.

CASIMIRO
Véase pág. 41.

CATALINA DE ALEJANDRÍA
Véase pág. 42.

CATALINA DE GÉNOVA
Véase pág. 45.

CATALINA LABOURÉ
Siglo XIX. Lyon (Francia). Religiosa
de la Orden de las Hijas de la Caridad

Medalla milagrosa. Rosario pequeño
entre sus manos unidas. Sillón en el
que está sentada la Virgen.

CATALINA DE SIENA
Véase pág. 48.

Antonio Abad

Eremita egipcio. Fundador de la Orden de los Antoninos. Nació en Qeman (Egipto) c. 251 y murió en el monte Colzim (Egipto) en 356

Nacido en el seno de una adinerada familia de egipcios cristianos, Antonio partió a lo más recóndito del desierto de Egipto a la edad de veinte años, tras oír en la iglesia las célebres palabras de Jesucristo: «¡Ponte en marcha y vende todas tus posesiones!». A su llegada, los demonios se apresuraron a darle la bienvenida.

Un día, tras haber librado un terrible combate contra los poderes que yacían en el fondo del sepulcro que había elegido como residencia, comprendió que, sin la ayuda del Señor, los violentos ataques de estas fuerzas infernales lo habrían matado. Entonces le preguntó a Jesús por qué no había acudido antes en su auxilio y recibió la siguiente respuesta: «Antonio, yo estaba allí, pero esperaba verte en acción. Y ahora que has aguantado sin rendirte, seré siempre tu ayuda y te daré a conocer en el mundo entero».

Existen infinitas historias (en su mayor parte apócrifas) acerca de las tentaciones de San Antonio. Estas anécdotas, aparentemente anodinas, lo describen como una persona perspicaz e intuitiva. Por ejemplo, cuentan que uno de sus discípulos hacía alarde de haber renunciado a todo, aunque en su interior seguía conservando un deseo por las cosas mundanas. San Antonio, que se había dado cuenta de ello, lo envió a buscar carne. A su regreso, unos perros hambrientos se abalanzaron sobre él, y Antonio aprovechó para darle la siguiente lección: «Los que renuncian al mundo pero quieren conservar sus bienes, cuando son atacados por los demonios, son despedazados de este modo».

ATRIBUTOS

Anciano barbudo vestido de monje. Cerdo. Muleta o bastón en forma de tau. Campanilla.

FUNCIONES

Antonio Abad es el gran patrón de los eremitas, los monjes, los ascetas y, de forma más general, de todos aquellos que, en nombre de la fe, intentan no dejarse llevar por las pasiones.

Antonio de Padua

Fraile franciscano portugués y doctor de la Iglesia. Nació en Lisboa
c. 1195 y murió en Padua (Italia) en 1231

Fernando Martim de Bulhões, hijo de un caballero portugués, ingresó a los quince años en el convento de los canónigos regulares de San Agustín. Fue ordenado sacerdote en 1220 y al año siguiente ingresó en la Orden Franciscana con el nombre de Antonio, en honor al eremita Antonio Abad.

Su alma misionera lo llevó a Marruecos. De regreso, el barco en el que viajaba naufragó y quedó varado en Sicilia, donde Antonio conoció a San Francisco de Asís. Su encuentro con el Poverello le turbó. Antonio era un tipo modesto que siempre se había esforzado por ocultar su erudición y su elocuencia a sus hermanos. Debido a una serie de circunstancias, Francisco tomo cartas en el asunto y le encomendó una nueva misión. Como primer lector de teología de los franciscanos, Antonio se dedicó a predicar la palabra de Dios, primero en Italia y después en Francia, donde se había desarrollado la herejía cátara. En ese país, se detuvo en Montpellier, Puy, Châteauneuf-la-Forêt (donde vio al Niño Jesús), Bourges y Brive, donde están las famosas grutas en las que solía descansar, ahora convertidas en un lugar de peregrinaje muy concurrido. Cuando fue nombrado ministro provincial de Romaña (Italia), le permitieron abandonar su cargo para retomar la predicación y completar la redacción de sus famosos sermones, conservados aún por la Iglesia. San Antonio de Padua murió de agotamiento mientras cantaba sentado en una silla, a los treinta y seis años de edad. Fue canonizado apenas un año después de su muerte.

Su reputación como taumaturgo, de la que ya dejó constancia en vida, no se ha debilitado. En la actualidad sigue siendo uno de los intercesores más solicitados, sobre todo para encontrar objetos perdidos y pro-

ATRIBUTOS

Sayal. Peces. Corazón ardiente. Lirio. Rodeado por un grupo de ángeles. San Antonio suele ser representado con el Niño Jesús en brazos o hablando con los animales. A veces aparece acompañado de un asno o una mula, que se arrodillan ante el santo sacramento que transporta su amo. Suele sostener un libro en las manos.

FUNCIONES

Patrón de Portugal y de los pobres. Protector de los niños huérfanos, se le invoca para encontrar objetos perdidos, y proteger a los animales y las cosechas.

Catalina Tomás

Siglo xvi. Palma de Mallorca.
Religiosa de la Orden de las Canonesas
Regulares de San Agustín

Lágrimas.

Cayetano de Thiene

Véase pág. 51.

Cecilia

Siglo i o ii. Roma. Mártir

Órgano y todos los instrumentos
musicales.

Celestino

Siglo v. Italia. Papa

Señala una inscripción en un libro
abierto.

Cipriano de Cartago

Siglo iii. Cartago. Obispo

Obispo y espada.

Ciríaco

Siglo iv. Papa

Diácono pisoteando al demonio.
Demonio encadenado.

Cirilo de Alejandría

Siglos iv-v. Alejandría (Egipto).
Obispo y doctor de la Iglesia

Paloma sobre el hombro.

Ciro de Tarso

Siglo iii. Antioquía (Turquía). Niño mártir

Jabalí. Sierra. Cabeza fracturada. Niño
acompañado de Santa Julieta.

Clara de Asís

Véase pág. 54.

Clara de Montefalcone
(o Santa Clara de la Cruz)

Siglo xiii. Italia. Religiosa de la Orden
de San Agustín (agustinos)

Corazón con los instrumentos de la
Pasión. Corazón sobre una patena.

Claudio

Siglo vi. Besanzón (Francia). Obispo

Niño arrodillado a sus pies. Cruz
procesional con doble brazo.

Claudio de la Colombière

Siglo xvii. Paray-le-Monial (Francia). Religioso
de la Compañía de Jesús (jesuita)

Libro abierto con el Sagrado Corazón.

Clemente I

Siglo i. Corinto (Grecia). Papa

Ancla y tiara.

Clotilde

Siglos v-vi. Reina franca

Iglesia sobre la mano.

Coleta Boylet

Siglos xiv-xv. Reformadora de la Orden
de las Hermanas Clarisas

Pozo (de la samaritana), gallina.

Columba de Iona

Véase pág. 57.

COLUMBA DE RIETI

Siglo XVI. Rieti (Italia). Religiosa de la Tercera Orden de Santo Domingo

Paloma en las manos.

COLUMBA DE SENS

Siglo III. Sens (Francia). Virgen mártir

Oso y plumas de pavo real.

CONRADO

Siglo X. Constanza (Alemania). Obispo

Un cáliz y una araña.

CORBINIANO DE FREISING

Siglos VII-VIII. Freising (Alemania). Obispo

Oso que lleva el equipaje de un obispo.

CORNELIO

Siglo III. Roma. Papa

Cuerno o buey.

COSME Y DAMIÁN

Véase pág. 58.

CRISOL

Siglo IV. Flandes (Bélgica). Obispo y mártir

Lleva la cabeza en la mano.

CRISPÍN Y CRISPINIANO

Véase pág. 61.

CRISTINA DE TIRO (O CRISTINA DE BOLSENA)

Siglo III o IV. Tiro (Líbano). Mártir

Gancho de hierro, flechas y serpientes. Ancla. Corona de rosas. Espada. Casas en llamas. Muela de molino atada al cuello. Serpiente lamiéndole los pies.

CRISTÓBAL

Canaán (Israel). Mártir legendario

Árbol. Bastón. Niño Jesús sobre su hombro.

CUCUFATO

Siglos III-IV. Barcelona. Mártir

Verdugo que le corta el cuello.

CUNEGUNDA DE HABSBURGO

Siglo XI. Alemania. Emperatriz

Reja de arado. Bolsa.

CUNIBERTO DE COLONIA

Siglo VII. Colonia (Alemania). Obispo

Ancla y paloma.

CUTBERTO

Siglo VII. Alemania. Obispo

Obispo con cisnes a los lados y columnas de luz sobre él.

D

DÁMASO I

Siglo IV. España; Roma. Papa

Biblia. Anillo con un diamante.

DAMIÁN (PADRE)

Siglo XIX. Bélgica. Sacerdote de la Congregación de los Sagrados Corazones de Jesús y María

Rodeado de leprosos.

DAMIÁN Y COSME

Véase pág. 58.

Atanasio de Alejandría

**Patriarca de Alejandría y padre de la Iglesia ortodoxa.
Nació y murió en Alejandría c. 295-373**

Este hombre delgado y enjuto fue blanco de persecuciones durante toda su vida. Arriesgó constantemente su integridad en nombre de Jesucristo, que para él era «Dios verdadero y hombre verdadero, sin confusión ni separación». Esta definición atacaba como falso al arrianismo floreciente, que negaba la divinidad de Jesucristo. El arrianismo beneficiaba a los emperadores, que preferían reunir y federar a los cristianos alrededor de un dogma vago e impreciso basado en la exclusiva humanidad de Jesucristo, en vez de centrarse en la intransigencia implícita que existe en la concepción de un Dios que se hace hombre.

Atanasio defendió de forma pacífica, pero con tenacidad, una espiritualidad auténtica. Aportó estabilidad a la Iglesia y la reforzó frente a las amenazas heréticas. También pronunció la fórmula que es la piedra sobre la que se funda la vida de Jesucristo: «Dios se hace hombre para que el hombre se haga Dios por la gracia y participe en la vida divina».

En cinco ocasiones se vio obligado a vivir en el exilio, donde sufrió las tribulaciones de un paria. Defensor de la paz de Jesucristo sobre la paz del Imperio, perteneció a aquella raza de hombres excepcionales que no temen demostrar al resto del mundo que se equivoca y que, debido al poder de la verdad que encarnan, logran triunfar y cambiar de forma irremediable el curso de la historia.

ATRIBUTOS

Triángulo de la
Santísima Trinidad
rodeado de gloria.
Barca.

Benito José Labre

**Penitente francés. Nació en Amettes (Francia) en 1748
y murió en Roma en 1783**

Benito, el peregrino de lo absoluto, era hijo de campesinos y el primogénito de quince hermanos. Al no poder acceder al estado monástico, decidió consagrar su vida a Dios mediante una vida errante solitaria, por lo que todo el mundo le consideraba el santo laico del Paso de Calais (Francia).

Benito José abandonó Amettes, su ciudad natal, el 12 de agosto de 1769, después de que tanto los monjes trapenses como los cartujos se hubieran negado a admitirlo en sus respectivas comunidades. Llevando como único equipaje sus libros santos, un rosario pequeño al cuello y un crucifijo en el pecho, recorrió toda Europa, de Suiza a Alemania y de Polonia a España, pasando por Italia. Llevó una existencia nómada, en la que compartía el pan de los pobres y vivía de la caridad. Superó infinitas pruebas (incluida una estancia en prisión debido a su aspecto miserable), efectuó un peregrinaje a Santiago de Compostela y durante un tiempo vivió como eremita en una gruta de Aix-en-Provence (Francia), antes de llegar a Roma y completar así un viaje agotador que le llevó a recorrer unos 25.000 kilómetros.

En Roma decidió instalarse en las ruinas del Coliseo para vivir más cerca de los mártires. El miércoles santo de 1783, después de misa, perdió el conocimiento en el umbral de la iglesia de Santa Maria dei Monti, donde aún se conserva su tumba. Consumido por tantos años de miseria y privación, murió aquel mismo día.

En la actualidad, entre el último domingo de agosto y el primer domingo de septiembre se realiza un peregrinaje a su santuario de Amettes.

Benito José Labre fue beatificado en el año 1860 y canonizado en 1881. Es el santo francés más conocido y venerado en Italia.

Daniel Alejo Brottier (beato)

Siglos XIX-XX. París. Presbítero
de la Congregación del Espíritu Santo
y fundador de los Huérfanos de Auteuil

Paloma en una llama. Rodeado por tres
niños, negros y blancos. Santa Teresa
de Lisieux en el cielo.

Daniel de Padua

Siglo I. Italia. Mártir

Rodeado de leones.

David

Siglo VI. Gales. Obispo

Paloma encaramada al hombro
de un obispo.

David Gunston

Siglo XVI. Inglaterra. Caballero de la Orden
de San Juan de Jerusalén y mártir

Manto con la cruz de Malta.

Deodato o Diosdado

Siglo VII. Nevers (Francia). Obispo

Estilete y libro.

Desiderio

Siglo V. Langres (Francia). Obispo

Cabeza cortada en sus manos.

Diego de Alcalá

Siglo XV. España. Religioso de la Orden
de los Frailes Menores de la Observancia

Dando limosna. En éxtasis.

Dionisio de París

Siglo III. París

Obispo que sujeta su cabeza cortada.
Cadena.

Domingo de la Calzada

Siglos XI-XII. España. Eremita

Gallo. Gallina en los brazos.

Domingo de Guzmán

Véase pág. 64.

Domingo Ibáñez de Erquicia

Siglo XVII. España. Misionero de la Tercera
Orden de Santo Domingo

Rodeado por sus trece compañeros
mártires en Nagasaki (Japón).
Cruz en un disco dorado.

Domingo Savio

Siglo XIX. Italia

Monaguillo. Cuaderno que sujeta
con ambas manos.

Domitila

Siglo I. Roma. Mártir

Ropajes antiguos. Palma.

Don Bosco

Véase *Juan Bosco*, pág. 103.

Donaciano

Siglo IV. Nantes (Francia). Mártir

Espada romana hundida en la nuca.

Donaciano de Reims

Siglo IV. Francia. Obispo

Rueda que sostiene cirios.

Donato de Arezzo

Siglo IV. Italia. Obispo y mártir

Cáliz roto.

DOROTEA

Siglo IV. **Cesarea de Capadocia (Turquía). Mártir**

Acompañada de un ángel y con corona de flores. Cargada con una canastilla. Espada en el suelo.

Imagen devota: Santa Dorotea, muerta en 311. Santa y mártir de la Iglesia católica. Cromolitografía de 1890
© Fototeca/Leemage

E

EBERHARD

Siglos XI-XII. **Salzburgo (Austria). Arzobispo**

Cadenas. Carraca de leproso.

EBRULFO DE BAYEUX

Siglo VI. **Francia. Abad**

Maqueta de iglesia bajo el brazo.

EDGAR EL PACÍFICO

Siglo X. **Inglaterra. Rey**

Corona.

EDMUNDO

Siglo IX. **Inglaterra. Rey y mártir**

Flechas en el pecho y en la pierna derecha. Cabeza cortada protegida por un lobo.

EDUVIGIS
(O HEDWIG DE SAJONIA)

Siglos XII-XIII. **Silesia (Polonia). Monja cisterciense**

Corona ducal. Cráneo a sus pies. Cristo crucificado que la bendice. Polainas.

EGIDIO

Véase *Gil*.

ELENA (O HELENA DE CONSTANTINOPLA)

Siglo III. **Bizancio. Emperatriz y madre del emperador Constantino I**

Instrumentos de la Pasión (cruz o clavos) o una maqueta de iglesia.

ELEUTERIO DE TOURNAI

Siglo V. **Bélgica. Obispo**

Catedral de Tournai en los brazos.

ELIGIO (O ELOY)

Véase pág. 67.

Buenaventura de Fidanza

Teólogo italiano. Nació en Toscana en 1221 y murió en Lyon en 1274

Giovanni Fidanza, considerado el segundo fundador de la Orden de Frailes Menores debido a la importancia de sus reformas, fue también el biógrafo oficial de San Francisco de Asís. Cuenta la leyenda que el nombre de Buenaventura se debe a Francisco de Asís, pues en su infancia le curó una úlcera de estómago que, según los médicos, no tenía curación. Profundamente marcado por este milagro, Giovanni ingresó como novicio en la Orden de Frailes Menores en el año 1243. Pronto demostró sus brillantes dotes intelectuales y pudo unirse a la escuela franciscana de la célebre Universidad de París, donde estudió letras y teología. Empezó a dar clases en el año 1248 y completó su doctorado a los treinta años. El papa Alejandro IV le concedió su protección debido a la calidad de su tesis acerca de la pobreza de Jesucristo y, seis años después, fue elegido general de la Orden de Frailes Menores, que estaba atravesando una grave crisis y había quedado debilitada por las divisiones internas.

Este gran «árbitro» de espíritu pacificador era conocido como el «Doctor seráfico» debido a la importancia y al nivel de sus escritos místicos, que elogiaban la humanidad de Jesucristo. En el año 1260, Buenaventura escribió en Narbona (Francia) los principios de la orden, estableciendo un hábil compromiso entre las posiciones de los espirituales y las de los franciscanos más moderados, que favorecían una relajación de las reglas. Reafirmó el voto de pobreza para satisfacer a los rigoristas, pero también supo contentar a los modernizadores haciendo hincapié en la importancia del estudio y la lectura.

En 1273, el papa Gregorio X lo nombró cardenal y obispo de Albano (Italia). Fue canonizado en 1482 y recibió el rango de doctor de la Iglesia en 1587.

ATRIBUTOS

Crucifijo. Biblioteca. Cruz coronada por un pelícano que se abre el vientre. Sombrero de cardenal.

FUNCIONES

Patrón de la iglesia de San Francisco de Lyon. Patrón de los mercaderes ambulantes. Invocado también en caso de úlcera y dolores de estómago.

ELMO

Véase *Erasmo*.

ELOY

Véase *Eligio*.

EMILIANO DE LA COGOLLA

Véase *San Millán*.

ENGRACIA

Siglo IV. España. Virgen y mártir

Látigo de flagelación.

ENRIQUE II

Siglos X-XI. Rey de Germania y emperador de Alemania

Catedral de Bamberg en miniatura. Corona. Globo terráqueo. Lirio. Cetro.

ERASMO (O ELMO)

Siglo III. Antioquía (Turquía). Obispo

Intestinos enrollados alrededor de un cabrestante.

ESCOLÁSTICA DE NURSIA

Siglo VI. Italia. Abadesa de la Orden de San Benito (benedictinos)

Paloma sobre la mano izquierda o encima de la cabeza.
Libro de la regla benedictina en la mano derecha. Rayos luminosos procedentes del cielo.

ESPIRIDIÓN

Siglo IV. Chipre. Obispo

Cadáver. Punzón. Serpiente.

Representación de San Eloy (Eligio). Grabado del siglo XIX. Colección privada
© Photo Josse/Leemage

ESTANISLAO

Siglo XI. Cracovia (Polonia). Obispo y mártir

Aves de rapiña sobre su cadáver. Cadáver cortado en pedazos. Muerto al que resucita.

ESTANISLAO DE KOSTKA

Siglo XVI. Polonia; Roma. Religioso de la Compañía de Jesús (jesuitas)

Comunión.

ESTEBAN

Véase pág. 68.

Esteban Bellesini

Siglos XVIII-XIX. Italia. Presbítero de la Orden de San Agustín

Venera la imagen de la Virgen y el Niño. Rosario pequeño sobre la mesa.

Eugenio I

Siglo VII. Roma. Papa

Brazos elevados en oración.

Eulalia de Barcelona

Siglo IV. España. Niña mártir

Palma. Cruz en forma de X. Cruz coronada por un disco. Una paloma escapa de su boca.

Eulogio de Córdoba

Siglo IX. España. Mártir

Sable con el que fue decapitado.

Euquerio

Siglos VII-VIII. Orleans (Francia). Obispo

Dando limosna.

Eustaquio de Roma

Siglo II. Italia. Mártir

Ciervo. Cuerno.

Eutropio de Saintes

Siglo III. Francia. Obispo y mártir

Bendiciendo a un hidrópico. Asistiendo a un colgado. Hacha de su martirio.

Expedito

Siglo IV. Bizancio. Soldado romano

Corneja.

Fabián

Siglo III. Italia. Papa

Obispo de Roma con una espada y una paloma, o con una maza y una paloma.

Facundo y Primitivo

Siglo IV (¿?). León. Mártires

Verdugo que les corta el cuello.

Faustina

Siglo XX. Polonia. Religiosa de la Orden de Nuestra Señora de la Misericordia

Muestra la imagen del Sagrado Corazón.

Fe de Agen

Siglo III (¿?).Francia. Mártir

Espada.

Felicidad

Siglo II. Roma. Mártir

Siete cabezas de niños sobre una meseta.

Felipe apóstol

Siglo I. Betsaida (Israel). Apóstol de Jesús

Cesta de hojas. Panes. Cruz de doble brazo. Dragón. Serpiente. Piedras.

Felipe Benizio

Siglo XIII. Florencia (Italia). Religioso de la Orden de los Siervos de María

Lirio en la mano. Tres coronas que sujetan los ángeles sobre su cabeza. Crucifijo. Tiara a sus pies.

Camilo de Lelis

**Fundador de los Clérigos Regulares Ministros de los Enfermos (camilos).
Nació en Bucchianico di Chieti (Italia) en 1550 y murió en Roma en 1614**

Tras una juventud ligeramente libertina, Camilo de Lelis comenzó a interesarse por la caridad y la religión, y decidió consagrar todo su tiempo y fortuna a los enfermos.

Italiano de nacimiento e hijo de marqueses, este hombretón, que superaba los dos metros de altura, luchó contra los turcos junto a los españoles. Sufrió una grave herida en el pie que lo dejó cojo y la disentería le impidió participar en la batalla de Lepanto. Tras haber dilapidado sus bienes, sus armas y sus trajes jugando a los dados y las cartas, Camilo decidió recorrer los caminos de Italia y nunca le faltó trabajo, gracias a su fuerza y su buen aspecto.

Su conversión se debió a un astuto capuchino. Cuando empezó a trabajar como enfermero en el hospital de Santiago de los Incurables, Camilo se sintió descorazonado por el estado de las instalaciones —sucias y ruidosas— y sobre todo por la suerte reservada a los enfermos. De inmediato se puso manos a la obra y en 1582, dos años antes de su ordenación, creó la Orden de los Clérigos Regulares Ministros de los Enfermos (camilos). Los miembros de esta orden, conocidos como los servidores de los enfermos entre el pueblo llano, llevan una cruz roja sobre su hábito negro. Uno de los estatutos más admirables de la orden postula que los frailes deben considerar el hospital como un «jardín de las delicias», y a los enfermos, como «sus amos y señores».

Camilo de Lelis fue beatificado en 1742 y canonizado en 1746.

Catedral de Jaen: óleo sobre lienzo de Juan De Valdés Leal, del año 1671, que representa a Fernando III el Santo. © Archivo Oronoz.

FELIPE NERI
Siglo xvi. Florencia (Italia). Fundador de la Congregación del Oratorio de San Felipe Neri (oratorianos)

Lirio. Mitra y sombrero de cardenal en el suelo.

FÉLIX DE CANTALICIO
Siglo xvi. Roma. Religioso de la Orden de los Hermanos Menores Capuchinos

Saco de mendigo al hombro. A lomos de un caballo. Niño Jesús en brazos. Rosario pequeño en la mano.

FÉLIX DE VALOIS
Siglos xii-xiii. París. Fundador de la Orden de la Santísima Trinidad (trinitarios)

Estandarte. Grilletes con bola.

FERMÍN DE AMIENS
Siglo iv. Pamplona. Obispo y mártir

Cruz y báculo. Angelotes armados en el cielo.

FERNANDO III DE CASTILLA
Siglo xiii. Rey de Castilla y León

Espada romana y globo terráqueo.

FERRÉOLO
Siglo iii. Besanzón (Francia). Obispo

Cáliz sobre el que se alza una serpiente.

FIACRO
Siglo vii. Irlanda. Eremita

Pala. Regadera.

FIDEL DE SIGMARINGA
Siglos xvii-xviii. Alemania. Religioso de la Orden de los Hermanos Menores Capuchinos y mártir

Maza con púas.

FILIBERTO DE NOIRMOUTIER
Siglo vii. Noirmoutier (Francia). Abad

Libro (regla). Lobo amansado.

FILIPINA DUCHESNE
Siglos xviii-xix. Francia; Estados Unidos. Religiosa de las Hermanas del Sagrado Corazón

Mapa de Estados Unidos.

FILOMENA
Santa legendaria. Roma. Virgen y mártir

Ancla. Clavo.

FLOBERT

Siglo XIII. Auvernia (Francia). Copista

Escribiendo un libro. Pesos sobre la mesa.

FLOR

Véase *Flora*.

FLORA (O FLOR)

Siglo XIV. Auvernia (Francia). Religiosa de la Orden de San Juan de Jerusalén

Cruz de Malta sobre su hábito.

FLORIÁN

Siglos III-IV. Austria. Oficial romano y mártir

Una muela de molino atada al cuello. Balde de agua para apagar incendios.

FLORIDA CEVOLI (BEATA)

Siglos XVII-XVIII. Pisa (Italia). Religiosa de la Segunda Orden de San Francisco (clarisas)

Cráneo sobre la mesa. Contempla el crucifijo.

FRANCISCO DE ASÍS

Véase pág. 75.

FRANCISCO DE BORJA

Siglo XVI. Virrey de Cataluña y general de la Compañía de Jesús

Sujeta un cráneo coronado.

FRANCISCO COLL Y GUITART

Siglo XIX. Gerona. Religioso de la Orden de Predicadores (dominicos) y fundador de las Hermanas Dominicas de la Anunciata

Vestido con el sayal de los dominicos y las manos levantadas. Sentado, con la capucha sobre la cabeza.

FRANCISCO FERNÁNDEZ DE CAPILLAS

Siglo XVII. Palencia. Religioso de la Orden de Predicadores (dominicos) y mártir en China

Convierte a un chino arrodillado a sus pies.

FRANCISCO JAVIER

Siglo XVI. España. Religioso de la Compañía de Jesús (jesuita)

Cangrejo cargado con un crucifijo.

FRANCISCO DE PAULA

Siglos XV-XVI. Italia. Fundador de la Orden de los Mínimos

Bastón de peregrino o de eremita. Capuchón sobre la cabeza. Rosario pequeño a la cintura o en la mano. Sol sobre la cabeza de un obispo con un oso. Sol que brilla en el cielo, con la palabra *cáritas*.

FRANCISCO DE SALES

Véase pág. 79.

FRANCISCO SOLANO

Siglos XVI-XVII. España. Religioso de la Orden de Frailes Menores (franciscanos)

Violín. Sujetando a un toro por los arneses.

Casimiro

Hijo del rey Casimiro IV de Polonia. Nació en Cracovia (Polonia) en 1458
y murió en Goradnia (Bielorrusia) en 1484

Heredero al trono de Polonia, Casimiro vivió desde muy joven una existencia piadosa. Según su ayuda de cámara, dormía en el suelo en invierno, llevaba cilicio y se pasaba noches enteras rezando a las puertas de las iglesias de Cracovia. Su padre, conocedor de su vocación oculta, decidió ofrecerle el trono de Hungría. Con el alma en pena, Casimiro obedeció y se puso al frente del ejército destinado a conquistar ese país. Al llegar a las puertas de Hungría se encontró con unas tropas bien armadas y dispuestas en orden de batalla detrás de su rey, Matías, que no estaba dispuesto a ceder el poder sin luchar. Casimiro detestaba profundamente la idea de lanzarse a la batalla, pues estaba en total contradicción a su vida espiritual y, sobre todo, porque consideraba que se trataba de una causa injusta. A su regreso, su padre lo mandó encerrar, pero el confinamiento en una celda satisfizo a este monje frustrado. Una vez libre, gobernó el reino durante un largo periodo mientras su padre partía a la guerra.

Huyendo de los honores y los placeres, Casimiro rechazó el matrimonio y cumplió su voto de castidad a pesar de las presiones de su entorno. Los sabios de la época intentaron convencerle de que sólo la carne podría curarlo de la tuberculosis, pero no lograron hacerle renunciar a sus votos.

Casimiro murió en 1484, a los veintiséis años de edad, y fue canonizado en 1522.

ATRIBUTOS

Corona o cetro tirados al suelo. Sujetando un crucifijo y un lirio con la misma mano.

FUNCIONES

Patrón de Polonia y de Lituania. Invocado para conservar la castidad y deshacerse de los enamorados excesivamente apremiantes. También se le atribuye el poder de curar la tuberculosis.

Catalina de Alejandría

Virgen y mártir legendaria. Nació y murió en Alejandría (Egipto) c. 287-307 (supuestamente)

Un célebre monasterio que se alza sobre el monte Sinaí lleva su nombre. En él se guardan sus reliquias, que, según cuenta la leyenda, fueron transportadas por los ángeles tras su martirio.

Catalina, hija del rey de Alejandría, era una joven hermosa y dotada de una inteligencia excepcional. Aceptó casarse, pero con la condición de que le buscaran un pretendiente tan hermoso y culto como ella. Cuando un ermitaño predijo que sólo Jesucristo podría satisfacer su ambición, la Virgen María se le apareció y le presentó al Niño Jesús. ¡Y para gran pesar de Catalina, a este le pareció muy fea! El eremita pensó que el rechazo de Jesús se debía a la fealdad de su alma, de modo que Catalina se bautizó de nuevo, se instruyó en el Evangelio y se casó con Jesucristo en el cielo.

Entonces apareció el emperador Maximino. Catalina, que deseaba estar con el Señor, buscaba una ocasión propicia para el martirio, pues quería llegar lo antes posible al cielo. Provocó tanto al emperador por rendir culto a los ídolos paganos que este llamó a los mejores filósofos del Imperio para que rebatieran y, si era posible, destruyeran la fe de Catalina. Sin embargo, fue ella quien anuló las pretensiones de los eruditos y logró que se convirtieran al cristianismo. A continuación, Catalina consiguió que la emperatriz Augusta y su amante Porfirio, edecán del emperador, también se convirtieran. La guardia imperial fue la siguiente en aceptar las aguas del bautismo. Enfurecido, Maximino ordenó que los castigaran y se ensañó con la santa, a la que torturaron con una máquina provista de cuatro ruedas dentadas con púas y pinchos. Milagrosamente, los pinchos se rompieron. Entonces, el emperador ordenó la ejecución de Catalina mediante la decapitación, que sí pudo realizarse.

Fridolino
Siglo VII. Irlanda; Francia; Alemania. Obispo

Devuelve la vida a un esqueleto.

Fromundo de Coutances
Siglo VII. Cantón del Jura (Suiza).
Eremita legendario

Saco de mendigo; sombrero grande
y bastón en la mano.

Fructuoso de Braga
Siglos VI-VII. España. Obispo

Mano levantada para bendecir. Báculo
en forma de cruz de Lorena.

Furseo
Siglo VII. Irlanda. Obispo

Dos bueyes tumbados a sus pies.

Galo
Siglo VII. Irlanda. Eremita

Oso.

Gangulfo de Varennes
Siglo VII. Borgoña (Francia). Noble y mártir

Caballero armado. De la punta de su
espada nace un manantial.

Gaspar del Búfalo
Siglos XVIII-XIX. Italia. Fundador de la
Congregación de los Misioneros
de la Preciosa Sangre

Cáliz aureolado de gloria.

Gastón (o Vedasto)
Siglo VI. Arrás (Francia). Obispo

Lobo que estrangula a un ganso. Oso.

Gauderico
Siglo IX. Perpiñán (Francia). Agricultor

Espiga de trigo y bastón.

Gaugerico de Cambrai
Siglo VII. Cambrai (Francia). Obispo

Dragón a sus pies.

Gengoult
Siglo VIII. Langres (Francia)

A caballo. Halcón en el puño. Puñal
en la mano. Fuente.

Genoveva

Véase pág. 80.

Representación de Santa Genoveva, patrona
de París (nacida c. 422). Litografía de la
acuarela del siglo XIX © Fototeca/Leemage

Gens

Siglo XI. Carpentras (Francia). Labrador.

Buey y lobo enjaezados al mismo yugo.

Gerardo de Aurillac

Siglo X. Francia. Noble y fundador de la abadía de Aurillac

Bordón. Corona de conde. Espada. Maqueta de iglesia en la mano.

Gerardo de Brogne

Siglo IX. Namur (Bélgica). Religioso de la Orden de San Benito (benedictinos)

Iglesia en la mano. Pez.

Gerardo Mayela

Siglo XVIII. Muros (Italia). Religioso de la Congregación del Santísimo Redentor (redentoristas)

Rosario pequeño en la cintura o sobre una mesa. Crucifijo contra su pecho. Disciplina. Lirio. Imagen de la Virgen sobre la mesa.

Gerardo de Toul

Siglos X-XI. Toul (Francia). Obispo

Sujeta un cetro coronado por una paloma. Catedral de Saint-Étienne. Piedra en la mano. Relicario del Santo Clavo.

Gerardo Tum

Siglos X-XI. Martigues (Francia). Fundador de la Orden de los Caballeros de San Juan de Jerusalén

Cruz de Malta sobre el hábito.

Gerbold de Bayeux

Siglo VII. Francia. Obispo mártir

Gran muela de molino atada al cuello.

Gereón de Colonia

Siglo IV. Germania. Soldado mártir

Estandarte.

Germán de Auxerre

Siglos IV-V. Galia. Obispo

Asno.

Germán de Besanzón

Siglo V. Francia. Obispo

Sentado, con la mitra sobre las rodillas. Sujetando la cabeza entre sus manos.

Germán de Escocia

Siglo V. Escocia. Obispo

Serpiente monstruosa.

Germana Cousin

Véase pág. 85.

Gertrudis de Helfta

Siglos XIII-XIV. Alemania. Monja cisterciense

Ángeles que sujetan una corona. Querubines. Corazón ardiente. Rosal.

Gertrudis de Nivelles

Siglo VII. Bélgica. Monja y abadesa

Rueca. Ratón. Maqueta de iglesia.

Gervasio y Protasio

Siglo IV. Milán (Italia). Gemelos mártires

Espada y látigo.

Catalina de Génova

Mística italiana. Nació y murió en Génova 1447-1510

Nacida en el seno de una importante familia de la aristocracia genovesa, los Fieschi, Catalina se vio obligada a contraer matrimonio a los dieciséis años de edad para satisfacer los intereses políticos de dos linajes ilustres.

La joven Catalina, que se había dejado llevar por la desidia de una vida fácil, se convirtió al cristianismo en el año 1473 e inició una existencia caritativa totalmente dedicada a los pobres. Esta obstinada mujer, que guió a su marido por la vía de la compasión, pasaba todo su tiempo en los barrios miserables y en los hospitales de la ciudad, entregada al servicio de los enfermos.

Su misticismo inspiró escritos que le fueron erróneamente atribuidos, aunque no cabe duda de que ella influyó en su creación. Dichas obras cobraron una gran notoriedad en el siglo XVII, sobre todo entre los religiosos y los teólogos franceses.

Catalina de Génova fue canonizada en el año 1737.

ATRIBUTOS

Corazón perforado en la mano.

Gil o Egidio

Véase pág. 86.

Gilberto de Neuffonts

Siglo XII. Auvernia (Francia). Religioso de la Orden Católica Romana de Canónigos Regulares de Premontre (canónigos regulares)

Mitra a sus pies. Libro abierto. Manto sobre el brazo.

Gildas el Sabio

Siglo VI. Bretaña Menor (actual Francia). Abad

Barco naufragando. Dos perros. Flotando sobre un manto.

Ginés de Arlés

Siglo III. Arlés (Francia). Registrador o notario y mártir

Bonete de magistrado. Violín.

Ginés de Clermont

Siglo VII. Francia. Conde de Auvernia y después obispo

Serpiente en la mano.

Gisleno de Hainaut

Siglo VII. Hainaut (Bélgica). Obispo

Oso y águila.

Godeleva de Ghistelles

Siglo XI. Boulonnais (Francia). Mujer pía

Pañuelo alrededor del cuello.

Gond

Siglo VII. Marne (Francia). Fraile

Guante.

Gontrán de Borgoña

Siglo VI. Rey de Borgoña e hijo de Clotario I

Cetro. Cajas llenas de oro. Ratas.

Gorgonio de Roma

Siglo IV. Roma. Militar mártir

Colgado de un árbol.

Goustan

Siglo XI. Bretaña (Francia). Fraile

Fuente.

Gregorio I Magno

Siglos VI-VII. Roma. Papa y doctor de la Iglesia

Paloma apoyada en el hombro de un papa.

Gregorio de Nisa

Siglo IV. Capadocia (Turquía). Patriarca de Constantinopla

Meditando en una gruta.

Gregorio de Tours

Véase pág. 89.

Gúdula

Siglos VII-VIII. Bélgica. Virgen

Un ángel ilumina un cirio que apaga el demonio. Fuelle.

Guenolé

Siglos V-VI. Bretaña (Francia). Fundador de la abadía de Landévennec

Ganso salvaje.

Guérin

Siglo XII. Saboya (Francia). Obispo

Asno o buey arrodillado.

Guido

Véase *Guy.*

Guido de Anderlecht

Véase *Guy de Anderlecht.*

Guillermo Apor

Siglos xix-xx. Hungría. Obispo y mártir
(asesinado por los soviéticos)

Vestido con sotana y cruz de Malta
en el pecho.

Guillermo de Gellone

Siglos viii-ix. Hérault (Francia). Fraile e hijo
de Carlos Martel

Cota de malla. Corona ducal. Escudo
con la media luna del islamismo.
Casco. Lanza. Rosario.

Guillermo de Goleto

Véase *Guillermo de Vercelli.*

Guillermo de Vercelli
(o Guillermo de Goleto)

Siglo xii. Italia. Fraile y fundador
de la Congregación de los Ermitaños
del Monte de la Virgen

Lobo. Demonio vencido.

Guy (o Guido)

Siglo iv. Calabria (Italia). Niño mártir

Caldero. Gallo blanco. Cuervo. Leones.
Lámpara de arcilla.

Guy (o Guido) de Anderlecht

Siglos x-xi. Ducado de Brabante y peregrino

Concha. Buey de labranza.

Gwen (Blanca)

Siglo v. Bretaña (Francia)

Tres senos que alimentan
a tres niños.

Hedwig de Sajonia

Véase *Eduvigis.*

Helerio

Siglo vi. Isla de Jersey (Reino Unido).
Asceta mártir

Cabeza cortada en sus manos.

Helena de Constantinopla

Véase *Elena.*

Hermano José

Siglos xii-xiii. Colonia (Alemania).
Presbítero

Anillo entregado por la Virgen.
Llave. Niño Jesús en los brazos.
Cáliz y tres rosas.

Hermelando

Siglo viii. Normandía (Francia).
Fraile de la abadía de Saint-Wandrille

Lamprea.

Hermenegildo

Siglo vi. España. Príncipe visigodo y mártir

Ascendiendo con un crucifijo
en la mano. Armadura.

Catalina de Siena

Doctora de la Iglesia. Nació en Siena (Italia) en 1347 y murió en Roma en 1380

Catalina Benincasa, hija de un tintorero y una poetisa, fue la penúltima de veinticinco hermanos. A una edad muy temprana (cuando tenía cinco o seis años), recibió la gracia de ver a Jesucristo.

A los veinte años, su prestigio espiritual, su carisma, sus espectaculares éxtasis y sus visiones atrajeron a personas subyugadas que se convirtieron en una verdadera familia espiritual.

Recibió los estigmas de la Pasión y, en su infinita bondad, Dios quiso que esta ferviente artesana de la paz fracasara en un proyecto nefasto, que no era otro que el de proclamar una nueva cruzada contra el islamismo. Entonces, Catalina concentró sus fuerzas en una empresa necesaria para la cristiandad: viajar a Aviñón y convencer al papa Gregorio VI para que regresara a Roma. Contra todo pronóstico, logró su propósito y, al mismo tiempo, sofocó las guerras civiles y reconcilió a los pueblos italianos enemistados.

Catalina mostró al mundo entero el amor que profesaba por Dios, así como sus dotes como diplomática e intermediaria entre enemigos aparentemente irreconciliables. Murió en el año 1380, a las puertas del gran cisma de Occidente, mientras dictaba, en pleno éxtasis, su famoso *Diálogo de la Divina Providencia*.

Fue canonizada en el año 1461.

HERMES
Siglo II. Roma. Prefecto y mártir

A caballo, arrastrando a un diablo que lleva encadenado.

HERVEO
Siglo VI. Bretaña (Francia). Abad

Lobo. Ciego. Niño que le guía. Bordón.

HILARIO DE POITIERS

Véase pág. 90.

HILARIÓN ANACORETA
Siglo III. Palestina. Fundador del monaquismo en Tierra Santa

Gran barba; hábito de follaje. A horcajadas sobre un asno. Dragón.

HIPÓLITO
Siglo III. Roma. Mártir

Vestido de soldado romano. Llave.

HOMERO
Siglo VII. Norte de Francia. Obispo

Racimo de uvas.

HONORATO DE AMIENS
Siglo VII. Amiens (Francia). Obispo

Pala para hornear pan.

HONORATO DE ARLÉS
Siglo V. Francia. Abad

Grandes serpientes.

Imagen devota: retrato de Hilario de Poitiers, obispo de Poitiers (315-c. 367). Cromolitografía, Milán © Luisa Ricciarini/Leemage

HUGO DE GÉNOVA
Siglos XII-XIII. Génova (Italia). Religioso de la Orden de San Juan de Jerusalén

Fuente que brota para permitir la limpieza del hospicio.

HUGO DE GRENOBLE
Siglos XI-XII. Francia. Obispo

Visión onírica de estrellas que anuncian la llegada de Bruno a sus compañeros.

HUGO DE JUMIÈGES
Siglo VIII. Francia. Obispo

Corona a sus pies.

Hugo de Lincoln

Siglos XII-XIII. Inglaterra. Obispo y religioso de la Orden de San Bruno (cartujos)

Cáliz en la mano. Cisne a sus pies. Niño Jesús saliendo del cáliz.

Humberto de Tongres

Siglos VII-VIII. Bélgica. Obispo

A caballo. Ciervo con crucifijo. Cuerno.

J

Ida de Bolonia

Siglos XI-XII. Francia. Madre de Godofredo de Bouillon

Corona abierta. Protegiendo con su manto al pequeño Godofredo. Fortaleza.

Ida de Fischingen

Siglo XIII. Suiza. Monja

Anillo nupcial. Ciervo con cornamenta luminosa. Paloma. Cuervo.

Ignacio de Antioquía

Siglo II. Roma. Obispo mártir

Corazón y monograma IHS. León. Cadenas.

Ignacio de Láconi

Siglo XVIII. Cerdeña (Italia). Religioso de la Orden de los Hermanos Menores Capuchinos

Saco de mendigo. Cráneo sobre la mesa. Inmaculada Concepción en el cielo.

Ignacio de Loyola

Siglos XV-XVI. País Vasco. Fundador de la Compañía de Jesús (jesuitas)

Aureola luminosa. Corazón perforado por espinas, con una llama o un monograma. JHS coronado por tres clavos. Comunión.

Ildefonso

Siglo VII. Toledo. Obispo

Casulla. Libro.

Inés de Montepulciano

Siglos XIII-XIV. Toscana (Italia). Religiosa de la Orden de Predicadores (dominicos)

Libro (misal) en la mano izquierda. Lirio virginal. Una cruz en el cuello, entregada por Jesús. Niño Jesús. Cordero. Ángel que le da la comunión. Flores bajo sus pies.

Inés de Roma

Siglo IV. Italia. Mártir

Anillo en la mano derecha. Cordero a sus pies o en los brazos. Estaca. Elefante blanco, símbolo de castidad. Corona de flores dispuesta sobre su cabello o corona de bodas que llega del cielo de la mano de Dios. Velo de prometida. Libro (misal) cerrado. Lirio. Cabello que cubre su desnudez. Espada romana de su martirio.

Isaac Jogues

Siglo XVII. Canadá. Presbítero de la Compañía de Jesús (jesuitas) y mártir

Herida sangrante en el cráneo. Manos mutiladas.

Cayetano de Thiene

Fundador de la Orden de los Clérigos Regulares (teatinos).
Nació en Vicenza (Italia) en 1480 y murió en Nápoles en 1547

Descendiente del prestigioso linaje de condes de Thiene, Cayetano fue un joven brillante que destacó por su erudición en teología y derecho. Se convirtió en secretario del papa Julio II en el año 1506, pero a su muerte dimitió de este cargo honorífico para consagrarse a los huérfanos, los prisioneros y los pobres. En el año 1516 fue ordenado sacerdote y regresó a Vicenza, su ciudad natal, para trabajar con la cofradía de San Jerónimo asistiendo a los enfermos. También fundó dos casas de la caridad, una en Verona y otra en Venecia. En el año 1523 creó, junto con Giampietro Carafa, obispo de Teato y futuro papa Pablo IV, la primera Orden de Clérigos Regulares de la historia, la de los teatinos. Esta orden estaba abierta a diversas formas de apostolado y conciliaba el ministerio sacerdotal con la exigencia comunitaria. «No queremos ser otra cosa que clérigos que viven según los sagrados cánones, en común y del común, con los tres votos», escribiría más adelante Carafa.

Cuando Carlos V tomó Roma en el año 1527, la orden se desplazó a Nápoles.

Fundador de los montes de piedad (las primeras casas de empeños destinadas a los indigentes) y gran defensor de la ortodoxia religiosa, Cayetano sufrió la oposición de los jesuitas y la impopularidad de su compañero Carafa. Fue el propulsor de la reforma del clero y la Iglesia, que consideraba corruptos, pero murió dos años después de que se iniciara el concilio de Trento que tanto había reivindicado.

Fue canonizado en el año 1671.

ATRIBUTOS

Corazón alado. Cruz luminosa en el cielo. En el brazo izquierdo, lleva al Niño Jesús, que sujeta un globo terráqueo. Cáliz al lado.

ISABEL

Madre de San Juan Bautista

Mujer anciana con un velo sobre la cabeza.

ISABEL DE FRANCIA

Siglo XIII. París. Religiosa de la Segunda Orden de San Francisco (clarisas), hermana de San Luis IX y fundadora del monasterio de la Humildad de Longchamp

Cinturón. Manto real. Corona.

ISABEL DE HUNGRÍA

Véase pág. 93.

ISABEL DE PORTUGAL

Siglos XIII-XIV. España; Portugal; Reina y monja

Frasco de agua transformada en vino. Cuidando a tiñosos.

ISBERGA

Siglos VIII-IX. Religiosa quizás idéntica a Gisela, hermana de Carlomagno

Anguila o anillo en la mano.

ISIDORO DE SEVILLA

Siglo VII. España. Obispo

Ofrece un libro.

ISIDRO LABRADOR

Siglo XII. España. Agricultor

Gavillas de trigo y, a veces, hoz y una pareja de bueyes. Pala. Arado. Flagelo. Fuente que brota bajo la pala.

IVO DE KERMARTIN

Véase pág. 94.

San Ivo de Kermartin, patrón de los abogados, notarios y procuradores de justicia. Los cuerpos del Estado y sus santos patrones. Imagen devota editada por la chocolatería de Aiguebelle. Monasterio de la Trapa, Drome. Primer cuarto del siglo XX © Gusman/Leemage

J-K

JACINTA MARISCOTTI
Siglos XVI-XVII. Viterbo (Italia). Religiosa
de la Segunda Orden de San Francisco
(clarisas)

Disciplina. Ángeles.

JACINTO MARÍA CORMIER
Siglos XIX-XX. Orleans (Francia). Maestro
general de la Orden de Predicadores
(dominicos)

Rosario pequeño.

JACINTO DE POLONIA
Siglo XIII. Cracovia (Polonia). Religioso
de la Orden de Predicadores (dominicos)

Píxide. Estatua de Nuestra Señora.

JENARO
Siglos III-IV. Nápoles (Italia). Obispo y mártir

Frasco de sangre.

JENARO MARÍA SARNELLI
Siglo XVIII. Nápoles (Italia). Presbítero
de la Congregación del Santísimo Redentor
(redentoristas)

Crucifijo en la mano.

JERÓNIMO EMILIANI
Siglos XV-XVI. Venecia (Italia). Fundador
de la Orden de los Clérigos Regulares de
Somasca

Cadenas.

JERÓNIMO DE ESTRIDÓN

Véase pág. 97.

San Jerónimo en el desierto. Grabado a partir
del cuadro de Georges Savauge (Auguste
Albert Georges Sauvage). Grabado de
Le Mondé Illustré n.º 1196, 28 de febrero
de 1880 © Lee/Leemage

JOAQUÍN
Siglo I. Israel. Padre de la Virgen María

Pala. Cordero.

JOAQUINA DE VEDRUNA VIDAL
Siglos XVIII-XIX. Barcelona. Fundadora
de la Orden de las Hermanas
Carmelitas de la Caridad

Mano sobre el pecho. Mano sobre
un libro cerrado.

JORGE
Siglo V. Eremita

Rodeado de palomas. Ángeles que
sujetan una corona. Querubines.
Corazón ardiente. Rosal.

Clara de Asís

**Fundadora de la Segunda Orden Franciscana (damas pobres o clarisas).
Nació en 1193 en Asís (Italia) y murió en 1253 en el mismo lugar.**

Hija de nobles y nacida en Asís, Clara de Offreducio se negó a contraer matrimonio a los doce años de edad.

Seis años después huyó a la Porciúncula, angustiada tras escuchar un sermón de San Francisco. Tomó la decisión de vivir en su ideal de pobreza y pronunció sus votos ante él. Inés, su hermana pequeña, no tardó en seguir sus pasos. Clara renunció a todos sus bienes y realizó dos breves visitas al convento benedictino antes de que le invitaran a abandonar la comunidad, debido a la presión que ejercía su familia sobre los superiores.

En el año 1215, San Francisco le ofreció una casa cerca de la iglesia de San Damián, en Asís, para que fundara su propia comunidad, que sería el equivalente femenino de la Orden Mendicante de los Franciscanos. La única exigencia que le impuso fue que las componentes de la orden vivieran en un claustro.

Entonces se convirtió en la abadesa de las damas pobres o las reclusas de San Damián, que seguían la regla de San Francisco y habían hecho voto de pobreza. Clara ayunaba, dormía en el suelo, caminaba descalza y se imponía tareas tan duras que el propio San Francisco se vio obligado a intervenir varias veces para moderar su devoción. En el año 1216, el reconocimiento oficial de Inocencio III favoreció la rápida extensión por Europa de la orden, que a la muerte de Clara ya contaba con unos ciento veinte monasterios de clarisas.

Clara murió en 1253 y fue canonizada dos años después por el papa Alejandro IV.

Jorge de Capadocia

Siglo IV. Turquía. Mártir

Armadura. Estandarte. Escudo. Vestido de caballero, atraviesa con la lanza a un dragón.

José Benito Cottolengo

Siglos XVIII-XIX. Turín (Italia). Presbítero fundador de la Pequeña Casa de la Divina Providencia

Mano elevada hacia el cielo. Acogiendo a los pobres.

José de Calasanz

Siglos XVI-XVII. Aragón. Fundador de la Orden de las Escuelas Pías (escolapios)

Rosario pequeño en la cintura.

José Gerard

Siglos XIX-XX. Lorena (Francia). Religioso de los Misioneros Oblatos de María Inmaculada y misionero en Lesoto

Libro rojo. Gafas.

José María Tomasi

Siglos XVII-XVIII. Sicilia (Italia). Presbítero de la Orden de los Clérigos Regulares (teatinos) y cardenal

Ángeles. Filacteria con las palabras *aurite primum regnum dei*. Libro *Opera omnia*. Cáliz coronado por una hostia. Rayo luminoso.

José Moscati

Siglos XIX-XX. Nápoles (Italia). Médico

Estetoscopio.

José de Nazaret

Siglo I. Israel. Esposo de María

Hacha o sierra. Triángulo de carpintero o hacha. Niño Jesús a su lado.

José Oriol

Siglo XVII. Barcelona. Presbítero

Brazos cruzados sobre el crucifijo.

Juan de Antioquía

Véase *Juan Crisóstomo*.

Juan Bautista de la Concepción

Siglos XVI-XVII. Córdoba. Reformador de la Orden de la Santísima Trinidad

Arrodillado ante el crucifijo. Cráneo sobre un reclinatorio.

Juan Bautista el Precursor

Siglo I. Jerusalén (Israel). Profeta

Un niño junto al Niño Jesús. Predicador. Cordero. Ropa de piel de camello. Cabeza cortada.

Juan Bautista de la Salle

Véase pág. 100.

Juan Berchmans

Siglos XVI-XVII. Brabante (Países Bajos). Religioso de la Orden de la Compañía de Jesús (jesuitas)

Rosario pequeño enrollado sobre un crucifijo.

Juan Bosco

Véase pág. 103.

Juan de Capistrano
Siglos xiv-xv. Italia. Religioso de la Orden de Frailes Menores (franciscanos)

Cimitarra rota. Moviendo un crucifijo. Turbante en el suelo.

Juan Clímaco
Siglos vi-vii. Siria. Monje

Escalera en la mano.

Juan Colombini
Siglo xiv. Siena (Italia). Fundador de la Orden de los Jesuatos

Anillo de cuerda en el puño. Paloma.

Juan de Colonia
Siglo xvi. Alemania. Religioso de la Orden de Predicadores (dominicos) y mártir

Tiara y llaves en el cielo.

Juan Crisóstomo (o Juan de Antioquía)
Siglos iv-v. Antioquía (Turquía). Obispo de Constantinopla y doctor de la Iglesia

Colmena. Árbol. Una abeja saliendo de su boca.

Juan de la Cruz
Véase pág. 104.

Juan Damasceno
Siglos vii. Siria. Monje

Mano cortada.

Juan de Dios
Véase pág. 107.

Juan Eudes
Siglo xvii. Normandía (Francia). Religioso de la Congregación del Oratorio, y fundador de la Congregación de Jesús y María

Arrodillado ante un altar. Niño Jesús. Sagrado Corazón. María con el corazón visible.

Juan Evangelista
Véase pág. 108.

Juan Gabriel Perboyre
Siglo xix. Francia. Misionero en China y mártir

Cadenas. Cruz en el cielo. Garrote chino en el cuello. Canga.

Juan José de la Cruz
Siglos xvii-xviii. Nápoles (Italia). Religioso de la Orden de Frailes Menores (franciscanos)

Crucifijo en la mano.

Juan Leonardi
Siglos xvi-xvii. Toscana (Italia). Sacerdote y fundador de la Orden de los Clérigos Regulares de la Madre de Dios

Sostenido por Felipe Neri. Jóvenes blancos y negros.

Juan el Limosnero
Siglo vii. Chipre. Obispo de Alejandría

Saco de mendigo. Bolsa.

Juan Macías
Siglos xvi-xvii. Palencia. Religioso de la Orden de Predicadores (dominicos) y misionero en América del Sur

Rosario pequeño alrededor del cuello. Cesto.

Columba de Iona

Monje irlandés, abad de Iona. Nació en Donegal (Irlanda) en 521 y murió en Iona (Escocia) en 597

Columba, hijo de un rey irlandés, fue ordenado sacerdote a la vez que se convertía en bardo. Durante su juventud, este gran santo pacificador fue un hombre violento y fiero. De carácter sanguíneo, se enfadaba fácilmente e incluso maldijo a su rey por un asunto de copia de salterios.

Tras participar activamente en una masacre que se saldó con tres mil muertos (¡no olvidemos que era sacerdote!), abandonó la espada y zarpó a la mar con once de sus monjes soldados. Desembarcaron en una pequeña isla del archipiélago de las Hébridas llamada Iona, donde se celebraban rituales druídicos desde tiempos inmemoriales. Columba emprendió la tarea de evangelizarla, remontando sus ríos y construyendo pequeñas iglesias de piedra. Este guerrero violento y orgulloso se convirtió así en un hombre de paz, lleno de serenidad y de sabiduría, que ayunaba a diario y dormía sobre un banco de piedra tanto en verano como en invierno.

Su influencia y su autoridad fueron extraordinarias. Por humildad, quizá debida a un pasado de violencia que después se le antojó indigna, se negó a ser ordenado obispo. Sus dotes como bardo celta le permitieron celebrar magníficamente el mundo: Columba, al igual que muchos otros padres de la Iglesia, quiso «salvar» a su propio modo la creación, honrando al océano, las bestias y las plantas.

ATRIBUTOS

Oso y sol sobre la cabeza. Oso unido a un toro. Sol sobre el pecho o sobre la cabeza.

Cosme y Damián

Hermanos mártires. Nacieron en Egea (Asia Menor) y murieron en Cilicia (Siria) c. 295

Estos hermanos gemelos alcanzaron una gran notoriedad a partir del siglo v, tanto en Oriente como en Occidente, donde se erigieron numerosas iglesias en su honor. Inscritos en el calendario romano, fueron médicos anargiros, al igual que su coetáneo San Pantaleón. Los médicos anargiros eran aquellos que curaban gratuitamente a los enfermos, en el nombre de Cristo.

Los múltiples prodigios que se les atribuyen, reunidos en un libro de los milagros, inspiraron a un gran número de artistas, que recurrieron a su talento para plasmar su imagen. Por ejemplo, en la iglesia de San Marcos de Florencia hay un retablo realizado por Fra Angélico que ilustra la curación milagrosa de un sacristán romano que se salvó de la gangrena gracias a la intervención de estos hermanos.

A principios del siglo xii, el caballero francés Juan de Beaumont regresó de las Cruzadas llevando consigo las reliquias de ambos santos. Estas se conservan en los santuarios de Luzarches y Mas-Saint-Chély, en Francia. En Luzarches, cada año se reúnen médicos y profesionales de la salud para celebrar su festividad. En el valle de Cuna, en Asturias, cada 27 de septiembre se realiza una romería al santuario de los Mártires, dedicado a ambos santos.

Cabe señalar que el inventor del estetoscopio, René Laennec (1781-1826), fue miembro de la muy venerable cofradía de doctores que, desde su creación en el siglo xiii, ha estado bajo el patronazgo de ambos santos.

Juan María Vianney

Véase pág. 111.

Juan Marioni

Siglos XV-XVI. Venecia (Italia). Sacerdote

Crucifijo. Cabeza de muerto.

Juan de Mata

Véase pág. 112.

Juan Morosini

Siglos X-XI. Venecia (Italia). Religioso
de la Orden de San Benito (benedictinos)
y fundador de la abadía de San Jorge
en Venecia

Crucifijo. Báculo que sostiene
un ángel.

Juan Nepomuceno

Siglo XIV. Praga (República Checa).
Sacerdote y mártir

Nenúfar. Aureola con cinco estrellas.

Juan Ogilvie

Siglos XVI-XVII. Escocia. Religioso
de la Compañía de Jesús (jesuitas) y mártir

Cuerda de ahorcado.

Juan Pedro Néel

Siglo XIX. China. Presbítero de la Sociedad
de Misiones Extranjeras de París y mártir

Vestido con traje chino.

Juan Pelingotto (beato)

Siglos XIII-XIV. Urbino (Italia). Religioso
de la Tercera Orden Regular de San Francisco
(franciscanos)

Bordón. Rosario pequeño.

Juan de Prado

Siglos XVI-XVII. España. Religioso de la Orden
de Frailes Menores (franciscanos) y mártir

Flechas. Fuego.

Juan de Sahagún

Siglo XV. Salamanca. Eremita de la Orden
de San Agustín

Cáliz sobre un altar y hostia sobre
el cáliz.

Juan Soreth

Siglos XIV-XV. Normandía (Francia).
Religioso de la Orden del Carmelo
(carmelitas)

Bastón. Píxide. Sombrero de cardenal
a sus pies.

Juan Teófano Vénard

Véase pág. 117.

Juana de Arco

Siglo XV. Ruan (Francia). Virgen y mártir

Armadura. Estandarte. Estaca. Pastora.

Juana de Aza (beata)

Siglo XII. Castilla. Madre de Santo Domingo
de Guzmán

Madre e hijo sosteniendo una cruz.

Juana de Chantal

Véase pág. 118.

Judas Tadeo

Siglo I. Israel. Apóstol de Jesús

Triángulo. Maza. Libro y sierra. Hacha.
Espada.

JUDITH

Siglos xii-xiii. Lieja (Bélgica). Reclusa

Corazón en la mano. Rosario pequeño. Cuchillo en la cintura.

JUDOCO DE PONTHIEU

Siglo vii. Bretaña (Francia). Presbítero y eremita

Corona a sus pies. Pie sobre el globo terráqueo.

JULIA DE CÓRCEGA

Siglos vi-vii. Córcega (Francia). Mártir

Paloma que sale de la boca de una mujer. Senos cortados.

JULIÁN DE CENOMANUM

Siglo iv. Le Mans (Francia). Obispo

Ciego curado. Niño que sale de una serpiente. Fuente y báculo.

JULIÁN DE CUENCA

Siglo xiii. Burgos. Obispo

Trenza una cesta.

JULIÁN EL HOSPITALARIO

Véase pág. 121.

JULIANA FALCONERI

Siglos xiii-xiv. Florencia (Italia). Fundadora de las Hermanas de la Orden de los Siervos de María (mantelatas)

Hostia sobre el pecho.

JULIANA DE MONT-CORNILLON

Siglos xii-xiii. Lieja (Bélgica). Religiosa de la Orden de San Agustín (agustinos)

Arrodillada ante un altar. Rosario pequeño en la cintura. Escaramujos.

JULIANA DE NICOMEDIA

Siglo iv. Bitinia. Mártir

Demonio alado con una correa que sujeta un ángel. Látigo.

JULITA DE CESAREA

Siglos iii-iv. Capadocia (Turquía). Mártir

Acompañada de San Ciro de Tarso.

JUSTA

Siglo i. Sevilla. Mártir

Palma. Giralda de Sevilla con Santa Rufina.

JUSTINA DE ANTIOQUÍA

Siglo iv. Turquía. Mártir

Unicornio.

JUSTINA DE PADUA

Siglo iv. Padua (Italia). Virgen y mártir

Espada clavada en el pecho o atravesando ambos senos. Unicornio.

JUSTO DE BEAUVAIS

Siglo iv. Francia. Niño mártir

Cabeza cortada sobre el pecho.

KATERI TEKAKWITHA (BEATA)

Siglo xvii. Nueva Francia (Canadá). Primera indígena americana declarada beata (1980)

Vestimenta india.

KENTIGERNO

Siglo vii. Escocia. Obispo

Anillo en la boca de un salmón. Dos gamos enjaezados a un arado.

Crispín y Crispiniano

Zapateros y hermanos mártires. Decapitados bajo el mandato de Maximiliano en Soissons (Francia), en el siglo

Estos dos hermanos romanos pertenecientes a la nobleza se iniciaron en el oficio de zapateros cuando siguieron a San Quintín por la Galia para evangelizar a los paganos. Aunque los detalles de sus vidas se desconocen, la tradición los ha convertido en los zapateros de cientos de pobres e indigentes, a los que calzaron sin pedir nunca nada a cambio.

Su culto se desarrolló hacia finales del siglo VI y fue instigado por San Eligio, que construyó su tumba en las proximidades de Soissons, en el lugar en el que supuestamente sufrieron su martirio.

Cuenta la leyenda que esta fue una dura prueba, tanto para las víctimas como para el verdugo: tras ser alternativamente abrasados y ahogados sin éxito, murieron despellejados por las horribles «uñas de hierro» del verdugo Rictiovarus (un personaje cuya historicidad es más que dudosa), antes de que este se suicidara desesperado, víctima de los remordimientos.

Hay quien dice que lograron escapar de la muerte y que huyeron a la ciudad inglesa de Faversham, que fue un importante centro de peregrinaje hasta el siglo XVII y cuya iglesia parroquial contiene un altar dedicado a ambos santos. De hecho, la ciudad continúa celebrando su festividad cada 25 de octubre.

Cabe señalar que Crispín y Crispiniano ocupan un lugar especial en el corazón de los ingleses desde que Shakespeare los invocó en su obra *Enrique V* (acto I, escena III) por boca de su héroe, el inesperado vencedor de la célebre batalla de Agincourt del año 1415.

ATRIBUTOS

Herramientas de zapatero.
Un zapato.

FUNCIONES

Patrones de los zapateros y de los trabajadores del cuero. Como reputados sanadores, se los venera sobre todo en la región francesa de Normandía, donde en ciertos pueblos es habitual ver, a los pies de las estatuas o las representaciones de estos santos, a bebés aquejados de cólicos.

KEVIN DE GLENDALOUGH
Siglo VI. Irlanda. Abad

De pie, con los brazos en cruz y pájaros en las manos.

KILIAN DE WURZBURGO
Siglo VII. Irlanda. Obispo de Wurzburgo (Alemania)

Espada en la mano.

L

LAMBERTO DE LIEJA
Véase pág. 122.

LANDERICO DE PARÍS
Véase pág. 125.

LÁZARO DE BETANIA
Siglo I. Israel. Amigo de Jesús

Vendas. Muleta.

LEANDRO DE SEVILLA
Siglo VI. Sevilla. Obispo

Corazón.

LEODEGARIO
Véase pág. 126.

LEÓN IX
Siglo XI. Roma. Papa

Vid.

LEONARDO DE NOBLAC
Siglo VI. Limoges (Francia). Eremita

Cadena y libro. Grilletes rotos.

LEOPOLDO DE GAICHE
Siglos XVIII-XIX. Spoleto (Italia). Religioso de la Orden de Frailes Menores (franciscanos)

Corona de espinas. Cadenas alrededor del cuello.

LEOPOLDO EL PIADOSO
Siglos XI-XII. Margrave de Austria

Maqueta del monasterio de Klosterneuburgo en la mano.

LIBORIO
Siglo IV. Le Mans (Francia). Obispo

Abanico litúrgico. Plumas de pavo real. Guijarros.

LICINIO
Siglo VI. Angers (Francia). Obispo

Cerrojo de prisión.

LIDWINA DE SCHIEDAM
Véase pág. 129.

LIFARDO
Siglo VI. Orleans (Francia). Anacoreta

Dragón empalado o cortado en dos.

LORENZO
Siglo III. Roma. Mártir

Bolsa. Cáliz lleno de piezas de oro. Dalmática. Sujetando una parrilla o tumbado sobre ella. Sobre un hogar. Dando limosna.

LORENZO GIUSTINIANI
Siglos XIV-XV. Venecia (Italia). Obispo

Bonete con orejeras.

La bienaventurada Santa Lidwina de Schiedam (1380-1433). Al ver salir de su pecho un rosal florecido, un ángel le revela que ella no morirá hasta que brote la última yema de la rosa. Página de *La vie des Sants du calendrier pour chaque jour,* mediados del siglo XIX. © Gusman/Leemage

LUCAS EVANGELISTA

Siglo I. Antioquía (Turquía).
Uno de los primeros evangelistas,
compañero de San Pablo

Caballete. Buey o toro. Ampolla. Retrato de la Virgen. Paleta y pincel.

LUCÍA

Siglo IV. Siracusa (Italia). Virgen y mártir

Corona. Espada clavada en la garganta. Llamas. Ojos sobre una bandeja.

LUCIANO DE ANTIOQUÍA

Siglo IV. Antioquía (Turquía). Mártir

Piedra al cuello. Delfín.

LUCIANO DE BEAUVAIS

Siglo III. Francia. Obispo y mártir

Cruza un río transportando su cabeza.

LUDGERO

Siglo VIII. Alemania. Religioso de la Orden de San Benito (benedictinos) y primer obispo de Münster

Iglesia o breviario en la mano.

LUDMILA DE BOHEMIA

Siglo X. Bohemia (República Checa). Princesa

Nudo corredizo o pañuelo al cuello.

LUIS IX DE FRANCIA

Véase pág. 130.

LUIS DE ANJOU

Siglo XIII. Francia. Religioso de la Orden de Frailes Menores (franciscanos) y obispo de Tolosa

Ángeles que cubren su cabeza con una mitra. Corona. Pluvial sembrado de flores de lis.

LUIS BELTRÁN

Siglo XVI. Valencia. Religioso de la Orden de Predicadores (dominicos) y misionero en América del Sur

Cáliz del que escapa una serpiente. Crucifijo grande.

Domingo de Guzmán

Fundador de la Orden de Predicadores (dominicos). Nació en Caleruega (España) en 1170 y murió en Bolonia (Italia) en 1221

Aunque muchos le atribuyen la terrible cruzada albigense, la verdad es que aquellas execrables masacres que diezmaron a los cátaros no fueron obra del pobre Domingo. Antes de que el papa Inocencio y el rey de Francia se volvieran contra las poblaciones del Languedoc, Domingo y sus hermanos predicadores intentaron reducir la «herejía» de forma pacífica. Recorrieron descalzos los caminos, ataviados con sencillos hábitos de sayal, en un intento de rivalizar con los «perfectos», que tanto seducían el corazón de las personas. Sin embargo, Domingo fracasó en sus intentos de conversión de las almas y tuvo que ceder su puesto a los guerreros.

Su vida, según cuentan los hagiógrafos, estuvo marcada por las visiones y los sueños simbólicos. Por ejemplo, cuando estaba embarazada, su madre vio un perrito con una antorcha encendida al cuello que corría para llevar el fuego del espíritu al mundo, mientras que su madrina vio en la frente del niño una estrella de seis brazos que iluminaba a los hombres en las tinieblas.

En el año 1215, Domingo viajó a Roma con el fin de solicitar al papa Inocencio autorización para fundar la Orden de los Predicadores. Al parecer, el papa vio en sueños que la iglesia de Letrán temblaba sobre sus cimientos, sostenidos por los hombros de Domingo, y la visión le resultó tan clara que bendijo la misión pacífica del santo. También se dice que un gran teólogo de Toulouse estaba tan cansado que se quedó dormido en la sala de estudio y soñó con siete estrellas que brillaban en el firmamento. Al despertar, descubrió que Domingo y seis de sus hermanos meditaban a su lado.

Durante su breve ministerio, Domingo se inspiró siempre en una visión en la que la Virgen le recomendaba que no se dejara llevar por los arrebatos.

Luis Gonzaga

Siglos XVI-XVII. Mantua (Italia). Religioso de la Compañía de Jesús (jesuitas)

Coronado por los ángeles. Comulgando junto a un altar. Corona de flores. Cráneo. Crucifijo. Disciplina. Pañuelo. Trigrama IHS.

Luis María Grignon de Montfort

Véase pág. 133.

Luisa de Marillac

Véase pág. 134.

Lupo de Bayeux

Siglo V. Francia. Obispo

Lobo.

Lupo de Sens

Véase pág. 137.

Macario de Gante

Siglo XI. Bélgica. Obispo

Saco de mendigo. Esqueleto. Demonio aplastado. Lámpara.

Macario de Jerusalén

Siglo IV. Alejandría (Egipto). Monje y eremita

Saco de mendigo. Esqueleto. Demonio aplastado. Lámpara.

Maclovio de Alet (o Macuto)

Véase pág. 138.

Madelberta

Siglo VII. Maubeuge (Francia). Abadesa

Demonio con alas de murciélago.

Maglorio

Siglo VI. Bretaña (Francia). Obispo

Un ángel le lleva una corona.

Malaquías de Armagh

Siglos XI-XII. Clairvaux (Francia). Obispo

Ciego y manzana. Tres ovejas enfermas.

Marcelino Champagnat

Siglos XVIII-XIX. Fundador de la Sociedad de María (maristas)

Rosario pequeño. Ante él, una mesa con la estatua de la Inmaculada Concepción. Libro (misal) abierto. Crucifijo en la mano.

Marcelo Callo (beato)

Siglo XX. Mathausen (Austria). Militante de la Juventud de Obreros Católicos; deportado durante la ocupación nazi

Pijama a rayas de los deportados.

Marcelo de París

Siglo V. París. Obispo

Atraviesa a un dragón con su báculo. Sujeta a un dragón con su estola.

Marcial de Limoges

Siglo III. Francia. Obispo

Mano de la justicia.

MARCOS
Siglo I. Jerusalén (Israel).
Uno de los cuatro evangelistas

León alado. Rollo de pergamino y pluma.

MARCULFO DE NANTEUIL
Siglo VI. Bayeux (Francia). Abad

Curó la escrófula y concedió su poder al rey de Francia. Un soberano con traje flordelisado arrodillado ante él.

MARGARITA BOURGEOYS
Siglo XVII. Canadá. Primera institutriz de Nueva Francia y Fundadora de la Congregación de las Hermanas de Nuestra Señora en Montreal

Rodeada de niños indios.

MARGARITA DE CORTONA
Siglo XIII. Italia. Religiosa de la Tercera Orden de San Francisco

Un perro mordisquea el dobladillo de su hábito.

MARGARITA DE ESCOCIA
Siglo XI. Reino Unido. Reina de Escocia

Corona a sus pies. Crucifijo. Cetro.

MARGARITA DE HUNGRÍA
Siglo XIII. Buda (Hungría). Religiosa de la Orden de Predicadores (dominicos)

Corona real. Lirio.

MARGARITA MARÍA DE ALACOQUE
Siglo XVII. Autun (Francia).
Religiosa de la Orden de la Visitación de la Virgen María

Pila de agua bendita. Cristo se aparece ante ella y le muestra su corazón.

MARGARITA (O MARINA) DE ANTIOQUÍA
Siglo III. Antioquía (Turquía). Virgen y mártir

Sujeta una cruz ante un dragón. Pie hundido en el ojo de un dragón. Aplastando a un dragón.

MARGARITA DE SABOYA
Siglos XIV-XV. Italia. Religiosa de la Orden de Predicadores (dominicos)

Escudo de armas de Saboya (gules con cruz de plata). Tres lanzas en los brazos (que representan la enfermedad, la persecución y la calumnia).

MARÍA
Madre de Jesús y esposa de José

Véase recuadro de las págs. 69-71.

MARÍA DE LA CRUZ JUGAN
Siglos XVIII-XIX. Cancale (Francia). Fundadora de la Orden de las Hermanitas de los Pobres

Miga de pan.

MARÍA EGIPCIACA
Véase pág. 141.

MARÍA GORETTI
Siglos XIX-XX. Italia. Virgen y mártir

Sujeta una paloma en sus manos. Lirio. Palma.

MARÍA MAGDALENA
Siglo I. Palestina

Cabellos largos, ricas vestimentas. Bote de ungüento o frasco de perfume.

Eligio o Eloy

Obispo, orfebre y tesorero de Clotario II y Dagoberto I. Nació en Catelat (Francia) c. 588 y murió en Noyon (Francia) en 660

Eligio nació cerca de Limoges, en el seno de una familia galorromana. Aprendiz de su padre y, más adelante, alumno del maestro orfebre Abbon, se convirtió en un artesano tan reputado que el rey Clotario II lo llamó a su servicio, deslumbrado por su talento. Según dicen, el artesano logró elaborar diez tronos con el oro que le habían asignado para la construcción de uno solo. Nombrado director de la casa de moneda de París, permaneció al servicio del sucesor de Clotario, el «buen rey» Dagoberto, que lo convirtió en su consejero.

En esta época, Eligio puso su fortuna al servicio de los pobres y de su fe. Tras la muerte de su rey, abandonó el cargo y fue ordenado sacerdote en el año 640. Al año siguiente sucedió a San Medardo como obispo de Noyon y Tournai, en Francia. Desde allí, viajó a Frisia para convertir a los paganos. Evangelizador de los Países Bajos, fundó numerosos monasterios antes de morir, en el año 660 (sus reliquias no fueron trasladadas a Noyon hasta 1952).

En Francia se realizan diversos peregrinajes en su honor, principalmente en Bretaña, donde se celebran dos perdones a principios de septiembre, uno en las fraguas de Paimpont y otro en la diócesis de Vannes, donde lo invocan en su fuente milagrosa. En el norte, los mineros le rinden honor en diciembre, junto a Santa Bárbara, sacando las imágenes de ambos santos en procesiones iluminadas con velas.

ATRIBUTOS

Martillo y yunque de orfebre. Tenazas. Herradura de caballo y pata arrancada.

FUNCIONES

Patrón de los orfebres, los obreros de la metalurgia (desde los herreros hasta los hojalateros), los agricultores y los mineros, así como de los caballos y los veterinarios.

Esteban

Protomártir y diácono de la primera comunidad cristiana de Jerusalén. Murió en Jerusalén c. 37

Esteban, judío helenista convertido al cristianismo, fue uno de los diáconos encargados de asistir a los apóstoles. En el año 36 fue acusado de blasfemia ante el Sanedrín, el temible tribunal religioso de la antigua Palestina, y mientras se justificaba, interpeló a los jueces acerca de la «dureza de sus corazones y el asesinato de los santos».

«Esteban, lleno del Espíritu Santo y con los ojos fijos en el cielo, vio la gloria de Dios y a Jesús, que estaba de pie a la derecha de Dios. Entonces exclamó: "Veo el cielo abierto y al Hijo del hombre de pie a la derecha de Dios"» (Hechos de los Apóstoles, VII, 55-56).

Esteban sabía que los jueces considerarían blasfema esta visión, y no se equivocaba: ordenaron apresarlo y lo llevaron a empujones al exterior de la ciudad, donde, tras quitarse las togas, empezaron a lanzarle pedradas para lapidarlo. Esteban sucumbió ante aquella violencia y, tumbado en el suelo, captó la mirada del joven que custodiaba las togas enrolladas que se diseminaban por el suelo, que no era otro que Pablo de Tarso. Y mientras lo apedreaban, esta fue la súplica del primer mártir de la Iglesia: «¡Señor, no les tengas en cuenta este pecado!».

Los Hechos de los Apóstoles nos dicen que Pablo aprobó esta muerte, pues «no veía más que amenazas y masacres por parte de los primeros cristianos». Pablo persiguió a la Iglesia primitiva, arrancó a hombres y mujeres de sus hogares, y los mandó apresar. Sin embargo, sí que escuchó la plegaria del diácono Esteban: unos días después de este drama, cuando se dirigía a Damasco para detener a más cristianos, Jesús se apareció ante él y le habló. Después de esta visión, Pablo pasó tres días ciego.

DISTINTOS NOMBRES DE LA VIRGEN MARÍA

Inmaculada Concepción
Sobre las nubes.

Inmaculado Corazón de María
Corona real y aureolas con siete estrellas. Corazón sobre el pecho, perforado por una espada romana.

Nuestra Señora de Ardents
Sujeta un cirio encendido.

Nuestra Señora de la Asunción
Túnica blanca y pañuelo azul. Manos cruzadas sobre el pecho. Pies sobre una nube. Angelotes.

Nuestra Señora de Banneux (Bélgica)
Inclinando la cabeza, que lleva cubierta por un velo. Manto blanco. Cinto azul. Manos juntas. Rosario.

Nuestra Señora del Buen Socorro
Con el Niño Jesús; ambos coronados. El Niño con un globo terráqueo, coronado por una cruz. A veces sujeta un cetro.

Nuestra Señora de la Buena Guardia
En majestad. El Niño Jesús sujeta un corazón en las manos.

Nuestra Señora del Cabo (Canadá)
Coronada. Capa. Manos abiertas.

Nuestra Señora del Campo
Virgen con el Niño. Ella sujeta una espiga y Jesús extiende el brazo.

Nuestra Señora de la Concepción
Manos unidas. Sobre una nube, rodeada de serafines.

Nuestra Señora de la Conciliación
Coronada, con las manos unidas.

Nuestra Señora de la Consolación
Con el Niño Jesús, que sujeta un globo terráqueo. Ambos coronados. Ella con un cetro en la mano.

Nuestra Señora del Consuelo
Manto largo que protege a varias personas.

Nuestra Señora de la Divina Providencia
Con velo. Con el Niño Jesús sentado en las rodillas.

Nuestra Señora de la Esperanza (Saint-Brieuc, Francia)
Coronada con el Niño Jesús. Sujetando una cruz.

Nuestra Señora de Fátima (Portugal)
Con un velo blanco de bordes dorados. Cabeza inclinada y coronada. Manos unidas. Corazón en el pecho y cinto blanco, o sin corona ni corazón.

Nuestra Señora de Francia
De pie sobre Francia.

Nuestra Señora de Gervazy
En majestad. El Niño Jesús le tiende la mano.

Nuestra Señora de Gracia
Con velo azul, túnica blanca, manos abiertas y aplastando una serpiente con los pies.

Nuestra Señora de Guadalupe
En un rayo, con velo y las manos juntas; un angelote la sujeta. Media luna.

(Continuación)

Nuestra Señora de la Guardia
Coronada, con el Niño Jesús. Sujeta un corazón en la mano.

Nuestra Señora de Hal (Bélgica)
Virgen negra con el Niño, ambos coronados.

Nuestra Señora de la Liberación
Coronada con el Niño Jesús, con un cetro en la mano.

Nuestra Señora de Liesse
Virgen negra en majestad con el Niño Jesús.

Nuestra Señora de Loreto
Con velo, sujetando una casa en sus manos.

Nuestra Señora de Lourdes
Con velo y las manos juntas. Rosario pequeño en el brazo. Gran cinto azul.

Nuestra Señora María Auxiliadora
Con una aureola de estrellas. Con el Niño Jesús, ambos coronados y ella sujetando un cetro en la mano.

Nuestra Señora María Protectora
Con velo, manto y túnica blancos. Una joven deja a sus pies una corona de espinas.

Nuestra Señora María Reparadora
Túnica roja y manto azul, arrodillada a los pies de un Cristo crucificado, sobre una palmera.

Nuestra Señora de la Medalla Milagrosa (París)
Manto azul, brazos abiertos y rayos de luz que salen de sus manos. Medallas.

Nuestra Señora Mediadora de Todas las Gracias
En majestad, con el Niño Jesús. Rodeados de ángeles.

Nuestra Señora de la Merced
Túnica blanca, escapulario. Coronada. Con el corazón en el pecho y un látigo en la mano.

Nuestra Señora de Messina
Virgen con el Niño, que levanta un brazo.

Nuestra Señora del Monte Carmelo
Con el Niño Jesús; ambos coronados. El Niño sostiene un escapulario.

Nuestra Señora de Montserrat (Moreneta)
Virgen negra con el Niño, en majestad; cada uno sostiene un globo terráqueo.

Nuestra Señora de los Navegantes
Virgen con el Niño. Tiende la mano a un marinero que eleva los brazos hacia ella.

Nuestra Señora de las Nieves
Velo y túnica blancos. Manos abiertas.

Nuestra Señora de Oroux
Velo y túnica blancos. Manos abiertas. El bajo de la túnica recortado. Sin pies.

Nuestra Señora de la Paz
Con velo y las manos juntas. Balas de cañón bajo los pies.

Nuestra Señora de Pellevoisin
Con una aureola de flores. Velo y túnica blancos. Manos abiertas, de las que caen gotas de lluvia. Corazón en el pecho. Muestra el lema: «Yo soy toda misericordia».

Nuestra Señora del Perpetuo Socorro
Virgen con el Niño; ambos coronados. Rayos alrededor de la cabeza.

Nuestra Señora de la Piedad

Sentada y coronada, con Cristo recostado en su regazo, también coronado y herido.

Nuestra Señora de la Piedra

De pie con el Niño Jesús, ambos coronados ante un fondo de rayos. Rodeados de querubines. Media luna a sus pies.

Nuestra Señora del Pilar

Virgen con el Niño en brazos, en lo alto de un pilar.

Nuestra Señora del Puy

Virgen negra coronada.

Nuestra Señora Reina del Cielo

En las nubes, los ángeles sujetan una corona sobre su cabeza y, en ocasiones, un cetro.

Nuestra Señora del Roble

Virgen con el Niño, coronada y sujetando un cetro, en el tronco abierto de un roble.

Nuestra Señora del Rosario

Con el Niño Jesús; ambos coronados. El Niño sujeta un rosario pequeño.

Nuestra Señora del Sagrado Corazón

Con velo, túnica blanca y manto azul. Corazón en el pecho. De pie, con el Niño Jesús.

Nuestra Señora de la Salette

Vestida de campesina, y coronada con flores y rayos. Manos cruzadas en un manguito. Cruz con martillo y tenazas sobre el pecho.

Nuestra Señora de la Salud

Coronada, con el Niño Jesús.

Nuestra Señora del Santo Sacramento

El Niño Jesús sostiene un cáliz y la hostia encima. También la Virgen sola, con las manos delante del cáliz, con la hostia encima.

Nuestra Señora de Seez

Coronada; globo terrestre bajo los pies. Lirio.

Nuestra Señora de los Siete Dolores

Corazón atravesado por siete espadas romanas en el pecho.

Nuestra Señora de la Sonrisa

Collar alrededor del cuello. Ojos cerrados. Aureola de doce estrellas.

Nuestra Señora de Tongres (Bélgica)

Virgen con el Niño, sentada.

Nuestra Señora de las Tres Avemarías

Coronada en el limbo. Señalando hacia el sol y rodeada por tres grupos de querubines con filacterias que contienen las palabras . Corazón en el pecho, del que brotan tres rayos: uno se dirige hacia Jesucristo con la palabra *sabiduría*, otro vuela hacia el Padre con la palabra *poder* y el tercero se dirige al Espíritu Santo con la palabra *misericordia*.

Nuestra Señora de los Viajeros

Con velo. Manos abiertas, de las que salen rayos. Descalza. Aureola de doce estrellas. Media luna y serpiente bajo los pies.

Nuestra Señora de las Victorias

Con el Niño Jesús; ambos coronados. El Niño está de pie sobre un globo estrellado.

Nuestra Señora de Walcourt

Virgen negra con el Niño. Coronada. Capa larga. Sujetando un cetro.

Retrato de Santa Maria Egipciaca, penitente en el desierto. Pintura de José de Ribera [1588-1656], 1641. Montpellier, museo Fabre © Photo Josse/Leemage

MARÍA MAGDALENA DE PAZZI

Siglos XVI-XVII. Florencia (Italia). Religiosa de la Orden del Carmelo (carmelitas)

Corona de espinas. Crucifijo y lirio. Instrumentos de la Pasión.

MARINA DE ANTIOQUÍA

Véase *Margarita de Antioquía.*

MARINA DE ORENSE

Siglo II. Bayona (Francia). Virgen y mártir

Cortando el cuello de un dragón.

MARINO

Siglo IV. Italia. Diácono

Martillo de cantero. Paleta de albañil.

MARÓN

Siglo IV. Líbano. Eremita y padre de la Iglesia católica maronita

Capuchón. Gran barba blanca. Estola larga. Mano derecha en alto. Báculo.

MARTA DE BETANIA

Siglo I. Israel. Hermana de Lázaro de Betania

Dragones. Tarasca (animal fabuloso). Hisopo. Vasija. Incienso. Escoba. Manojo de llaves.

MARTÍN I PAPA

Véase pág. 142.

MARTÍN DE LEÓN

Siglos XII-XIII. España. Canónigo de la Orden de San Agustín (agustinos) y obispo

Se le aparece San Isidoro de Sevilla.

MARTÍN DE TOURS

Véase pág. 145.

MARTINA

Siglo III. Roma. Mártir

León o espada a sus pies. Agujas de ganchillo.

MATEO

Siglo I. Israel. Uno de los cuatro evangelistas

Ángel. Bolsa en la mano. Monedas. Balanza para pesar oro. Lanza.

MATÍAS APÓSTOL

Siglo I. Israel. Apóstol de Jesús

Cadenas rotas. Espada. Hacha. Alabarda. Lanza. Sujeta una cruz.

MAURICIO DE AGAUNO

Véase pág. 146.

MAURO ABAD

Siglo VI. Roma. Abad de la Orden
de San Benito (benedictinos)

Muleta. Pala. Balanza.

MAUVIEU

Siglo V. Bayeux (Francia). Obispo

Cáliz y hostia.

MAXIMILIANO MARÍA KOLBE

Siglos XIX-XX. Polonia. Religioso de la Orden
de Frailes Menores (franciscanos). Mártir

Pijama a rayas de deportado. Gafas.

MAXIMILIANO DE TEBESTE

Véase pág. 149

MAYOLO DE CLUNY

Siglo X. Francia. Abad de Cluny

Tiara a sus pies.

MEDARDO

Véase pág. 150.

MEINULFO DE PADERBORN

Siglo IX. Alemania. Archidiácono

Ciervo con crucifijo. Iglesia en la mano.

MELANIA

Siglos IV-V. Roma. Asceta

Cruz en la mano.

MIGUEL ARCÁNGEL

Arcángel

Aplastando a un dragón. Armadura.
Estandarte. Escudo.

MILBURGA

Siglo VIII. Alemania. Abadesa de la Orden
de San Benito (benedictinos)

Iglesia en la mano. Gansos.

MILLÁN
(o EMILIANO DE LA COGOLLA)

Siglos V-VI. España. Eremita y abad

Eremita. Abad.

MÓNICA

Siglo IV. Argelia. Madre de San Agustín

Mujer anciana con cinto y velo,
rodeada de monjes agustinos. Crucifijo.

MONÓN DE NASSOGNE

Siglo VII. Ardenas (Francia). Eremita

Campana y cerdo.

MORANDO

Siglo XII. Alsacia (Francia). Religioso
de la Orden de San Benito (benedictinos)

Bastón de prior. Racimo de uvas
sobre un libro.

MUSTIOLA

Siglo III. Toscana (Italia). Virgen y mártir

Anillo de la Virgen colgado de un hilo.

NARCISO DE GERONA
Siglo IV. España. Obispo

Enjambre de tábanos.
Dragón a sus pies.

NAZARIO
Siglo I. Milán (Italia). Mártir

Soldado romano. Espada con la que fue decapitado.

NICASIO
Siglo V. Reims (Francia). Obispo

Obispo que lleva su cabeza cortada.

NICOLÁS ALBERGATI
Siglos XIV-XV. Bolonia (Italia).
Religioso de la Orden de San Bruno (cartujos)

Rama de olivo. Relicario en la mano.

NICOLÁS DE BARI
Véase pág. 153.

NICOLÁS DE TOLENTINO
Siglos XIII-XIV. Ancona (Italia).
Ermitaño de la Orden de San Agustín
(agustinos)

Sujetando un cráneo en la mano.
Crucifijo en la mano. Pisoteando un dragón. Estrella brillante en el pecho.
Flechas que caen del cielo. Lirio. Libro abierto ante él. Panes recibidos de la Virgen. Rosas que reemplazan las donaciones que hace a los pobres.

Imagen devota: San Nicolás de Bari (inicios del siglo IV); se le representa con los tres niños a los que resucitó. Cromolitografía de 1900 © Fototeca/Leemage

NOEL PINOT
Siglo XVIII. Angers (Francia).
Sacerdote y mártir

Cadalso. Arca.

NORBERTO DE MAGDEBURGO
Siglos XI-XII. Alemania.
Fundador de la Orden de Canónigos
Regulares de Premontre

Cáliz coronado por una araña.
Ostensorio.

Francisco de Asís

Fundador de la Orden de Frailes Menores (franciscanos).
Nació y murió en Asís (Italia) c. 1182-1226

Criado entre la alta sociedad de Asís, Giovanni di Bernardone fue un joven culto de ideas generosas, un gran burgués de espíritu caballeresco que sentía tal fascinación por el oficio de las armas que participó en la guerra que enfrentó a Asís y Perugia. Hecho prisionero en la batalla de Ponte San Giovanni en 1202, permaneció un año encerrado en una de las mazmorras de Perugia. Convencido de que debía ponerse al servicio de Dios y abrazar a la Dama Pobreza, Francisco cambió drásticamente de conducta.

Poco después, Francisco renunció solemnemente a todos sus bienes y a su existencia pasada, e inició una vida ermitaña en los alrededores de Asís.

A partir de ese momento se empezó a decir que Francisco, que pasó a ser conocido como el Poverello («el pobrecito»), podía hablar con los pájaros y hacer prodigios.

Hacia el año 1208, su proceso de conversión inició una nueva y decisiva etapa: Francisco se despojó de sus zapatos y sus ropajes, se vistió una túnica rugosa que ataba con una cuerda y se hizo misionero para predicar la palabra de Dios. No tardaron en unirse a él una decena de discípulos y, en el año 1210, el papa Inocencio III aprobó oralmente, aunque con muchas reticencias, la primera regla (desafortunadamente perdida) de la Orden de Frailes Menores.

En 1224, mientras se encontraba en recogimiento y meditando en la ermita de la Verna junto a tres de sus compañeros más amados, recibió los estigmas de Cristo.

Francisco fue canonizado en 1228 por el papa Gregorio IX.

ATRIBUTOS

Sayal marrón y cordoncillo con tres nudos. Lobo. Aparición de Jesús. Rayos y estigmas. Caminando sobre un globo terráqueo y sujetando un crucifijo alado.

FUNCIONES

Patrón de los fabricantes textiles y protector de los pájaros. Se le invoca especialmente contra los partos difíciles, para rememorar uno de los numerosos milagros que se le atribuyen; célebre sanador y amigo de los animales y las bestias salvajes (se dice que domesticó a un lobo).

Nunilo y Alodia
Siglo IX. Huesca. Niñas mártires

Una junto a la otra, cogidas de la mano.

Nuno Álvarez Pereira
Siglos XIV-XV. Lisboa. Religioso de la Orden del Carmelo (carmelitas)

Casco de armadura a sus pies.

Odilia
Siglo VII. Alsacia (Francia). Abadesa de Hohenburgo

Libro y dos ojos encima. Gallo. Ostensorio.

Odilón de Cluny
Siglos X-XI. Cluny (Francia). Abad de la Orden de San Benito (benedictinos)

Mitra a sus pies.

Olav de Noruega
Siglos X-XI. Rey de Noruega

Hacha vikinga.

Olegario
Siglos XI-XII. Barcelona. Obispo

Cabeza sin cubrir. Misal y báculo en la mano.

Onésimo
Siglo I. Éfeso (Asia Menor). Obispo legendario

Con San Pablo, de quien recibe las enseñanzas.

Retrato de Otón I el Grande (912-973), emperador del Sacro Imperio Germánico de 962 a 973, acompañado de su mujer y sus hijos. Grabado. © Aisa/Leemage

Otón de Bamberg
Véase pág. 154.

Ouen
Siglo VII. Ruan (Francia). Obispo

Aplasta a un dragón.

Pablo
Véase pág. 157.

Pablo eremita
Siglo IV. Tebas (Egipto). Eremita

Centauro que guía a Antonio hacia el santo. Cuervo que alimenta al santo. Cráneo. Palmera.

Pacomio
Véase pág. 161.

Pancracio de Roma
Siglos III- IV. Roma. Mártir

Armadura. Espada con la que fue decapitado.

Pantaleón de Nicomedia
Siglo IV. Nicomedia (Turquía). Mártir

Frasco de botica. Espada envuelta en piel. Clavo. Manos clavadas, una encima de la otra, sobre la cabeza.

Pascasio
Siglo VI. Roma. Diácono

A sus pies, persona poseída y vestida con harapos.

Pascual Bailón
Siglo XVI. Aragón. Religioso de la Orden de Frailes Menores (franciscanos)

Cayado. Mitones.

Patricio
Véase pág. 162.

Paula
Siglos IV-V. Roma. Viuda

Biblia. Crucifijo.

San Patricio, patrón de Irlanda.
Cromolitografía, 1888.
© Fototeca/Leemage

Paulina
Siglo II. Roma. Mártir

Lengua arrancada.

Paulino de Nola
Véase pág. 165

Pedro de Alcántara
Siglos XV-XVI. Cáceres. Religioso de la Orden de Frailes Menores (franciscanos)

Paloma. Disciplina. Crucifijo. Aparición de San Juan de Capistrano.

Pedro Apóstol

Siglo I. Betsaida (Israel). Apóstol de Jesús

Cruz con triple brazo. Dos llaves cruzadas o una única llave. Barca. Basílica. Ovejas. Gallo. Libro de las Epístolas. Sentado en un trono, con las llaves en la mano. Cruz invertida.

Pedro Arbués

Siglo XV. Zaragoza. Mártir

Coronado por un angelote. Cruz.

Pedro Canisio

Siglo XVI. Alemania. Religioso de la Compañía de Jesús (jesuitas) y doctor de la Iglesia

Perro. Rosario pequeño. Estatua de Nuestra Señora.

Pedro Claver

Siglos XVI-XVII. Lérida. Religioso de la Compañía de Jesús (jesuitas)

Convirtiendo a un joven africano.

Pedro Damián

Siglo XI. Italia. Cardenal y doctor de la Iglesia

Crucifijo. Disciplina. Cabeza de difunto.

Pedro González (o Telmo)

Siglo XIII. Palencia. Religioso de la Orden de Predicadores (dominicos)

Fuego en la mano.

Pedro de Luxemburgo

Siglo XIV. Francia. Cardenal

Sombrero de cardenal en el suelo. Curando enfermos.

Pedro de Morrone

Siglo XIII. Italia. Fundador de la Orden de los Celestinos y papa bajo el nombre de Celestino V

Paloma. Tiara a sus pies.

Pedro Nolasco

Siglos XII-XIII. Fundador de la Orden de la Bienaventurada María de la Merced

Estela luminosa que viene del cielo para iluminar la campana. Estandarte con el escudo de armas de Aragón. Campana en la que aparece una imagen de la Virgen. Cruz con doble brazo. Cadena rota.

Pedro de Regalado

Siglos XIV-XV. Valladolid. Religioso de la Orden de Frailes Menores (franciscanos)

Inmaculada Concepción en una mandorla. Ángel.

Pedro Urseolo

Siglo X. Francia. Dux de Venecia y, después, religioso benedictino

Paloma del Espíritu Santo. Bonete de dux en la mano. Rayo que le acaricia el rostro.

Pedro de Verona

Siglo XIII. Milán (Italia). Religioso de la Orden de Predicadores (dominicos) y mártir

Hacha, machete o cuchilla hundida en el cráneo. Herida sangrante en el cráneo. Puñal clavado en el pecho. Índice de la mano derecha sobre los labios.

Francisco de Sales

Obispo y doctor de la Iglesia. Nació en Sales (Francia) 1567
y murió en Lyon (Francia) en 1622

Francisco de Buenaventura, hijo mayor del señor de Nouvelles, decidió hacerse sacerdote en el año 1593. Formado por los jesuitas de Clermont y nombrado deán del obispo de Ginebra cuando apenas tenía treinta y dos años, se vio obligado a abandonar su ciudad, que había abrazado el calvinismo, para poder ejercer el sacerdocio. Fue uno de los primeros en afirmar que la búsqueda de la perfección era accesible para todos, independientemente de la condición y la profesión, y que sólo así se podía avanzar de forma sincera y auténtica para garantizar la verdadera fe.

El 8 de diciembre de 1602, cuando fue ordenado sacerdote, tuvo las dos visiones que cambiarían para siempre su vida. La primera fue la aparición de la Santísima Trinidad, junto con la Madre de Dios y los apóstoles Pedro y Juan; la segunda, la imagen premonitoria de una joven viuda rodeada de religiosas. Unos días después, reconoció a la mujer durante una homilía: era la baronesa de Autun, una aristócrata fascinada por sus sermones que en el futuro se convertiría en Santa Juana de Chantal.

Su obra *Introducción a la vida devota* revolucionó los esquemas clásicos del catolicismo para proponer una visión más moderna, teñida de humanismo y abierta al mundo. Francisco impuso lentamente la idea de una práctica cristiana guiada únicamente por el amor de Dios, y alejada de todos los actos de contrición y de mortificación impuestos por los rigoristas de la época.

En el año 1610 fundó la Orden de la Visitación de Nuestra Señora, al servicio de los pobres y los enfermos, y confió su dirección a su discípula, Juana de Chantal.

ATRIBUTOS

Vestido con casulla y con las manos cruzadas sobre el pecho.

FUNCIONES

Patrón de las diócesis de Annecy y Chambéry (Francia). Patrón de los escritores, los editores y los periodistas católicos. Se le invoca con frecuencia contra las fiebres.

Genoveva

Religiosa franca. Nació en Nanterre (Francia) c. 422 y murió en París c. 502

Genoveva nació en Nanterre en el seno de una familia bárbara. A los siete años de edad fue bendecida por el obispo de Auxerre, que se quedó embelesado ante su piedad. A los quince años logró imponerse a las reticencias de su madre y se instaló en París para adoptar el velo de las vírgenes consagradas. Sus oraciones y sus dotes como profetisa le proporcionaron rápidamente una gran audiencia y el respeto de los ediles de la curia, el senado local encargado de administrar la ciudad.

En la primavera del año 451, cuando las tropas de Atila marchaban sobre París, Genoveva predijo la derrota de los hunos y exhortó a los habitantes a quedarse en sus casas. Esto dio lugar a grandes hostilidades, y los parisinos incluso amenazaron con lapidarla. Sin embargo, el tiempo le dio la razón, pues las tropas romanas, visigodas y francas se impusieron sobre el terrible Atila, que fue derrotado en los Campos Cataláunicos (cerca de Troyes, Francia).

Hábil negociadora, Genoveva no tardó en recuperar el favor de los parisinos y pasar a ser embajadora de los francos, que diez años más tarde se convirtieron en los amos de las dos Galias. Fue entonces cuando entabló amistad con Childerico y después con su hijo Clodoveo.

Esta organizadora nata aseguró el avituallamiento de la ciudad en épocas de hambruna, y no tardó en desempeñar las más altas funciones eclesiásticas y políticas. Además, inició la construcción del primer santuario dedicado a San Dionisio, el obispo mártir. Su fama de santa quedó reforzada por los exorcismos y los milagros que se le atribuyen.

Pelayo de Córdoba

Siglo x. España. Mártir

Rodeado por un grupo de moros, con una cimitarra en la mano.

Peregrino Laziosi

Siglos xiii-xiv. Forlí (Italia). Religioso de la Orden de los Siervos de María

Llama en la frente. Una pierna vendada. Llaga en la pierna. Corona de flores en la mano.

Petronila de Roma

Siglo i. Roma. Mártir

Escoba. Llave.

Piatón de Seclin

Siglo iv. Seclin (Bélgica). Evangelizador de Tournai y mártir

Parte superior de la cabeza cortada.

Pío V

Siglo xvi. Roma. Papa

Crucifijo. Breviario. Rosario.

Pío de Pietrelcina, el padre Pío

Siglo xx. Pietrelcina (Italia). Místico

Vestido de capuchino, con barba blanca. Mitones para disimular los estigmas.

Pirmino

Siglo viii. Misionero germánico

Ranas. Serpientes.

Pol de León

Siglos v-vi. Cornualles (Inglaterra). Obispo y eremita

Con su estola, arrastra a un dragón hacia el mar. Pez con una campana en el vientre.

Policarpo

Siglos i-ii. Asia Menor. Obispo y mártir

Sobre una estaca. León a sus pies.

Primitivo

Véase *Facundo y Primitivo*.

Privado gábalo

Siglo iii. Mende (Francia). Obispo

Maza.

Pulquería de Constantinopla

Siglos iv-v. Constantinopla, Estambul. Emperatriz

Corona. Cetro. Lirio.

Quintín

Siglo iii. Roma. Mártir

Atado al poste de tortura y sometido al suplicio de los clavos, o de pie, con un clavo en cada hombro.

Quintín de Turón

Siglo vi. Francia. Mártir

Fuente.

QUIRINO
Siglo III. Tegernsee (Alemania).
Diácono y mártir

Muela de molino alrededor del cuello.

QUIRINO DE NEUSS
Siglo II. Bélgica. Oficial romano y mártir

Vestido de soldado romano.

R

RADEGUNDA DE POITIERS
Véase pág. 166.

RAIMUNDO DE PEÑAFORT
Siglos XII-XIII. Barcelona. Religioso de la Orden de Predicadores (dominicos)

Llave de penitenciaría. Manto sobre el que navega.

RAMÓN NONATO
Siglo XIII Lérida. Religioso de la Orden de la Merced (mercedarios)

Boca cerrada con un candado.

REGINA DE AUTUN
Siglo III. Francia. Virgen y mártir

Una paloma coloca una corona en su cabeza. Cadenas milagrosas. Cruz en un halo sobre los muros de una prisión.

RÉGULO DE SENLIS
Siglo III. Francia. Obispo

Asno. Ciervo. Ranas que ordena callar.

Retrato de Radegunda de Poitiers (c. 520-587), reina de Francia, esposa de Clotario
© Leemage

REINELDIS
Siglo VII. Bélgica. Monja y mártir; hermana de Santa Gúdula

Vestida de peregrina, con bordón y rosario.

REMACLO
Siglo VII. Solignac (Francia). Obispo

Lobo enalbardado con dos cestos. Piedras.

REMIGIO
Véase pág. 169

RESTITUTA
Siglo III. Virgen y mártir

Barca ardiente con un ángel guardián.

RICARDO DE WYCHE

Siglo XIII. Reino Unido. Obispo

Cáliz a sus pies.

RICTRUDIS DE MARCHIENNES

Siglo VII. España; Bélgica. Abadesa;
viuda de San Adalbaldo

Maqueta de abadía en los brazos.

RIGOBERTO OBISPO

Siglo VIII. Francia. Religioso de la Orden
de San Benito (benedictinos)
y arzobispo de Reims

Ganso.

RIQUIER

Siglo VII. Abbeville (Francia). Abad

León tendido a sus pies. Dos llaves.

RITA DE CASIA

Véase pág. 170.

ROBERTO BELARMINO

Siglos XVI-XVII. Montepulciano (Italia).
Religioso de la Compañía de Jesús (jesuita)
y doctor de la Iglesia

Crucifijo. Libro y pluma de ganso.

ROBERTO DE MOLESMES

Véase pág. 173.

RODOLFO ACQUAVIVA (BEATO)

Siglo XVI. India. Religioso de la Compañía
de Jesús (jesuita)

El pecho atravesado por las flechas.

ROMÁN DE ANTIOQUÍA

Siglo IV. Turquía; Siria. Mártir

Lengua arrancada.

ROMUALDO

SIGLOS X-XI. RÁVENA (ITALIA). FUNDADOR
DE LA ORDEN DE LOS MONJES CAMALDULENSES

Biblia. Demonio que le tienta. Vara en
forma de tau. Iglesia sobre el
antebrazo. Escalera por la que suben
los monjes para acercarse al cielo.

ROQUE

Véase pág. 174

ROSA FELIPA DUCHESNE

Véase *Filipina Duchesne.*

ROSA DE LIMA

Véase pág. 177.

ROSA DE VITERBO

Siglo XIII. Italia. Religiosa de la Tercera Orden
de San Francisco

Crucifijo en la mano. Rosas
en el pliegue de la mano.

ROSALÍA DE PALERMO

Siglo XII. Palermo (Italia). Virgen

Cráneo. Crucifijo en la mano. Corona
de rosas blancas. De pie junto a una
orilla. Rosas en sus cabellos.

RUFINA

Siglo III. Sevilla. Mártir

Palma. Giralda de Sevilla con Santa
Justa.

RUMOLDO DE MALINAS

Siglo VIII. Bélgica. Obispo mártir

Venciendo a un pagano.
Rollo de pergamino en la mano.

Ruperto de Worms
Siglo VIII. Salzburgo (Austria). Abad y obispo

Barril de sal.

Sabino
Siglo V. Spoleto (Italia). Obispo

Manos cortadas. Ídolos rotos. Hacha.

Sadoc
Siglo XIII. Polonia. Religioso de la Orden de Predicadores (dominicos)

Puñal en el corazón.

Salvador de Horta Grionesos
Siglo XVI. Barcelona. Religioso de la Orden de Frailes Menores (franciscanos)

Rosario pequeño en la mano.

Salvio
Siglo VIII. Auvernia (Francia). Obispo itinerante

Toro.

Sansón de Dol
Siglos V-VI. Armórica. Obispo y eremita

Pozo. Serpientes

Santiago de la Marca
Siglos XIV-XV. Nápoles (Italia). Fraile menor

Bordón. Copa de vino envenenado. Estuche con gafas. Manto flotante.

Santiago el Mayor
Siglo I. Betsaida (Galilea). Apóstol de Jesús

Concha de Santiago, sombrero y bordón. Arco. Rastrillo de cardar. Caja de medicamentos.

Santiago el Menor
Siglo I. Betsaida (Galilea). Apóstol de Jesús

Bastón de batanero en forma de maza.

Saturnino de Tolosa
Siglo III. Tolosa (Francia). Obispo

Buey o toro a sus pies.

Sebastián
Siglos III-IV. Roma. Militar y mártir

Árbol. Medio desnudo y acribillado por las flechas.

Senén
Véase *Abdón y Senén*.

Senoco
Siglo VI. Poitou (Francia). Diácono

Cadenas alrededor del cuello.

Sergio
Siglo III o IV. Constantinopla, Turquía. Oficial de la Guardia Imperial y mártir junto a Baco

Cadena alrededor del cuello. Collar de oro.

Servacio de Tongres
Siglo IV. Armenia. Obispo de Tongres (Bélgica)

Llave de plata (entregada por San Pedro).

Severo
Siglo IV. Italia. Obispo de Rávena

Paloma. Naveta de tejedor. Rastrillo de cardar.

Germana Cousin

Germana fue una joven pobre, lisiada y abandonada a su suerte que vivió en la localidad de Pibrac, situada a quince kilómetros de Toulouse. Unos cuarenta años después de su muerte, en diciembre de 1644, su cuerpo fue exhumado y, para gran sorpresa de todos, se descubrió que estaba en perfecto estado de conservación. Fue canonizada en el año 1867 y, desde entonces, Pibrac se ha convertido en un importante centro de peregrinaje.

Su corta vida de sufrimiento no logró apagar su amor por Dios ni alterar su inquebrantable fe en la resurrección. De hecho, en la región francesa de Mediodía-Pirineos la veneran como la «pastora de la esperanza». Sus reliquias, que se conservan en la iglesia parroquial de Pibrac, se llevan en procesión cada 15 de junio a la basílica que fue construida en su honor. También se realiza otra procesión que parte de la granja en la que pasaba sus noches la pequeña, puesto que su madrastra la echó de casa porque no soportaba ver su mano deforme ni su cuerpo cubierto de abscesos. Enferma de escrófula, Germana vivió aislada del resto de su familia, compartiendo su pan con los pobres y enseñando con alegría la historia de Jesús a los niños, que la adoraban.

Una mañana descubrieron su cuerpo sin vida y la enterraron en una tumba anónima. Años después, cuando su cadáver milagrosamente preservado quedó expuesto en la iglesia, se sucedieron los prodigios y las curaciones.

Los gitanos sienten un gran afecto por esta santa y le rinden homenaje el primer día de mayo.

ATRIBUTOS

Pastora. Representada bajo una escalera. Flores en su delantal. Arrodillada en un campo, descalza.

FUNCIONES

Patrona de la Juventud Agrícola Católica Femenina de Francia.

Gil o Egidio

Eremita y abad. Nació en Atenas a finales del siglo VII y murió en Nimes (Francia) a principios del VIII

En la Edad Media, Gil o Egidio fue un santo muy popular debido al gran número de milagros que se le atribuían. De hecho, la historia de su vida parece más un relato maravilloso que una biografía basada en fuentes fiables. Sus hagiografías tampoco aportan datos precisos acerca de este griego originario de Atenas, conocido como el huérfano de sangre real.

Tras haber entregado toda su fortuna a los pobres, Gil viajó de Roma a Provenza, acompañado durante un tiempo por el obispo de Arlés. Durante el camino realizó tantos prodigios que se vio obligado a escapar de los grupos de cristianos que se sentían atraídos por su nombre, y decidió aislarse del mundo.

Convertido en eremita, consiguió que el rey de los godos financiara la construcción de la abadía que lleva su nombre en la región francesa de Gard. El soberano se quedó convencido de su santidad durante una cacería: mientras sus perros perseguían a una cierva, esta se refugió junto a Gil y quedó bajo su protección. El santo detuvo la flecha que iba a matarla, y el animal, a modo de agradecimiento, le permitió alimentarse con su leche.

Sigolena de Albi
Siglo VIII. Albi (Francia). Religiosa

Arrodillada ante un leproso al que cura.

Silvestre I
Siglo IV. Roma. Papa

Pila bautismal en la que bautiza a Constantino. Toro salvaje a sus pies, muerto por un mago y al que ha resucitado.

Simeón Estilita
Siglos IV-V. Antioquía, Turquía; Siria. Eremita

Columna. Ángel que le lleva alimento.

Simón apóstol
Siglo I. Caná de Galilea (Israel).
Apóstol de Jesús

Sierra.

Simón de Crespy
Siglo XI. Roma. Monje

Cogulla monástica o armadura.

Simón Stock
Siglos XII-XIII. Reino Unido. Religioso de la Orden del Carmelo (carmelitas)

Un escapulario en la mano, entregado por la Virgen. Llamas.

Sinforiano
Siglo II. Autun (Francia). Mártir

Espada o espada romana. Palma.

Sixto II
Siglo III. Italia. Papa

Bolsa.

Sofía
Siglo II. Roma

Tiara. En las nubes, tres niñas con palmas (bautizadas con el nombre de las virtudes teologales: Fe, Esperanza y Caridad)

Solangia
Siglo IX. Berry (Francia). Pastora

Puñal en el seno derecho. Calvario en las proximidades. Perro. Lirio. Rueca.

Suitberto
Siglo VIII. Alemania; Inglaterra. Obispo

Estrella con ocho rayos sobre el pecho.

Susana de Roma
Siglo III. Roma. Mártir

Espada. Ídolos destruidos.

T

Tadeo
Véase *Judas Tadeo*.

Tarcisio
Siglo III. Roma. Mártir

Hostia. Ángeles que llevan una corona de flores y palmas. Paloma. Piedras. Niño tumbado y herido.

Tecla de Seleucia
Siglo I. Seleucia (Turquía). Protomártir

En una gruta (la de Pablo). León a sus pies.

TELMO

Véase *Pedro González*.

TEOBALDO DE SALÁNICA

Siglo XI. Francia; Italia. Monje

Joven que lleva un halcón.

TEODORO DE BIZANCIO

Siglo IV. Capadocia (Turquía). Mártir

Estaca. Montando a caballo. Armadura. Lanza. Antorcha en la mano derecha.

TEÓDULO

Siglo IV. Valais (Suiza). Obispo

Dando la bendición. Diablo que lleva una campana. Espada. Racimo de uvas. Tonel.

TEÓFILO DE CORTE

Siglos XVII-XVIII. Córcega (Francia). Religioso de la Orden de Frailes Menores (franciscanos)

Crucifijo y lirio contra su pecho.

TERESA DE ÁVILA (O DE JESÚS)

Siglo XVI. España. Fundadora de la Orden de las Carmelitas Descalzas y doctora de la Iglesia

Corazón con el monograma de Jesucristo IHS. Collar que recibe de manos de la Virgen. Paloma que vuela sobre su cabeza. Cráneo sobre la mesa. Dardo que le atraviesa el seno. Clavo. Cáliz y hostia suspendidos en el aire. Pluma en la mano derecha. Libro sobre un pupitre, ante ella. Flecha. Un ángel le tiende la mano durante el éxtasis.

Retrato de Santa Teresa de Jesús (o Santa Teresita de Lisieux, 1873-1897). Ilustración del pintor Ferdinand Roybe (1840-1920), 1917
© Archivio GBB/Leemage

TERESA DE JESÚS (O TERESITA DE LISIEUX)

Véase pág. 181.

TIBURCIO DE ROMA

Siglo III. Roma. Mártir

Ascuas candentes.

TOBÍAS

Siglo IV. Roma. Mártir

Coraza.

TOMÁS APÓSTOL

Siglo I. Israel. Apóstol de Jesús

Triángulo y lanza. Cintura de la Virgen. Misal y bastón.

Gregorio de Tours

Obispo e historiador. Nació en Clermont-Ferrand (Francia) c. 538
y murió en Tours (Francia) c. 594

Gregorio nació en el seno de una pudiente familia galorromana. El joven, que no gozaba de buena salud, realizó un peregrinaje al sepulcro de San Martín de Tours y se liberó de sus pústulas malignas. Por eso, durante toda su vida mostró una gran devoción por este santo.

Aunque vivía en un ambiente repleto de crímenes e intrigas, dedicaba su tiempo a escribir y a rezar. Cuando fue nombrado obispo de Tours, utilizó su talento para describir, con energía y afabilidad, unos actos que en ocasiones eran escabrosos y sangrantes. Gracias a su *Historia de los francos* pasó a ser considerado el padre de la historia de Francia. En su obra presentaba una imagen extraordinaria de Galia, llena de colorido y anotaciones audaces, y escrita con un sentido del humor a menudo feroz. Era consciente de que su conocimiento del latín era deficiente e hizo todo lo posible por remediarlo. Alimentado por las palabras de la Biblia y el Credo, rebatía a todo aquel que intentaba discutirle este tema. La imparcialidad de su alma, y la franqueza sana y serena con las que se enfrentaba a los acontecimientos, por abominables que fueran, lo convirtieron en el primer historiador cristiano fidedigno.

Gregorio demostró ser un gran conocedor del alma. Era capaz de tratar las peores infamias sin conmoverse de forma desmedida y siempre mostró la ecuanimidad de un cristiano que vivía su vida en la paz de Cristo.

ATRIBUTOS

Velo sobre la cabeza.

FUNCIONES

Patrón
de los estudiantes.

Hilario de Poitiers

Obispo y doctor de la Iglesia. Nació y murió en Poitiers (Francia) c. 315-c. 367

Este doctor de la Iglesia indivisa también es venerado en las Iglesias de Oriente y Occidente. Su fama universal se debe a la nobleza de su alma, y al coraje espiritual y físico que demostró durante los duros combates teológicos en los que participó con determinación.

Hilario nació y creció en el seno de una familia gentil. Se casó y tuvo hijos. Hombre de gran cultura —su estilo y su retórica dan fe de ello—, se convirtió al cristianismo tras leer el prólogo de San Juan el Teólogo: «Y el verbo se hizo carne...». Esta frase sacudió todo su ser: «Yo me decía que si la vida presente no nos había sido concedida para encaminarnos hacia la vida eterna, no era una obra de la bondad de Dios».

Los fieles de Poitiers lo eligieron obispo por aclamación popular. A partir de entonces, Hilario se dedicó a su ministerio. Cuando la herejía arriana empezó a difundirse y a seducir a los miembros más eminentes de la Iglesia, él se negó a adherirse a ella, pues era consciente del peligro. Hilario era muy sensible a la verdad espiritual contenida en el dogma de la Encarnación, puesto que le debía su propia conversión, de modo que no podía admitir que Jesús fuera simplemente un hombre, quizás el primero, pero al fin y al cabo un hombre. En un momento en que la Iglesia de Occidente basculaba hacia la herejía, tuvo que pagar un precio muy elevado por su fe. Se enfrentó a sus adversarios sin desfallecer, hasta que se vio obligado a exiliarse a Frigia. Sin embargo, este contratiempo tuvo su lado bueno, pues le permitió conocer in situ el poder de la teología oriental, más sólida y elaborada.

A la vuelta de su exilio, Hilario regresó a su querida ciudad de Poitiers, donde murió en el año 367.

Tomás de Aquino

Siglo XIII. Italia. Religioso de la Orden de Predicadores (dominico) y doctor de la Iglesia

Ángeles que le ayudan a escribir. Buey. Cáliz en la mano, paloma junto a la oreja y rollo de pergamino. Libro abierto ante él. Sol que ilumina su pecho.

Tomás Becket

Siglo XII. Inglaterra. Arzobispo

Palio. Asesinos que le atacan. Altar ante el que se desploma. Bonete en la mano. Espada.

Tomás Felton

Siglo XVI. Inglaterra. Mártir

Torre de Londres. Corona de flores. Palma.

Tomás Moro

Siglos XV-XVI. Inglaterra. Hombre de Estado

Collar de canciller de Inglaterra.

Tomás de Villanueva

Siglos XV-XVI. Ciudad Real. Eremita y filósofo

Ángel que le lleva una corona de flores. Bolsa en la mano.

Tomás Woodhouse

Siglo XVI. Inglaterra. Religioso de la Compañía de Jesús (jesuita) y mártir

Cuerda al cuello.

Torpetes de Pisa

Siglo I. Pisa (Italia). Oficial romano y mártir

Asno. Barca. Estandarte. Gallo.

Trifrón

Siglo III. Albania. Mártir

Podón. Basilisco amansado.

Tugdual

Siglo V. Treguier (Francia). Obispo

Dragón encadenado.

Tugen

Siglo VI. Bretaña. Obispo

Llave. Perro rabioso. Niño arrodillado con dolor de muelas.

U

Ubaldesca

Siglo XII. Pisa (Italia). Religiosa de la Orden Hospitalaria de San Juan de Jerusalén

Cruz de Malta sobre su hábito. Escudilla.

Ubaldo de Gubbio

Siglo XI. Gubbio (Italia). Obispo

Cirio.

Ulrico de Augsburgo

Siglos IX-X. Alemania. Obispo

Pez en la mano, que apoya sobre un libro. Ave de corral transformada en pez.

Urbano I papa

Siglo III. Roma. Papa

Vino y uvas.

URSMARO
Siglos VII-VIII. Lobbes (Bélgica)

Demonio a sus pies.

URSO DE AOSTA
Siglo VI. Aosta (Italia). Archidiácono

Pájaro sobre su hombro.

ÚRSULA DE COLONIA
Siglo III o IV. Alemania. Virgen y mártir

Flechas. Estandarte. Barco
(en el que está con 11 000 vírgenes).
Manto protector con la imagen
de las vírgenes de la misericordia.

VALENTÍN
Siglo III. Roma. Mártir

Niño enfermo o epiléptico a sus pies.
Espada y palma. Curando a una
joven.

VALERIA
Santa legendaria

Globo de fuego que asciende por el
cielo y que simboliza su alma.

VALERIO
Siglos VI-VII. Auvernia (Francia).
Pastor y después abad

Pájaros en la mano y en el hombro.

VEDASTO
Véase *Gastón*.

Imagen devota: representación
de San Venceslao (907-929). Cromolitografía.
© Fototeca/Leemage

VENCESLAO (O WENCESLAO)
Véase pág. 182.

VERNIER
Siglo XIII. Alemania. Niño mártir

Cepa de vid. Instrumentos para arar.
Podón.

VERÓNICA
Siglo I

Sábana con el rostro de Cristo.

Isabel de Hungría

Princesa de Hungría. Nació en Hungría en 1207
y murió en Marburgo (Alemania) en 1231

Hija del rey Andrés II de Hungría (1175-1235), Isabel fue prometida a los cuatro años de edad a Luis IV, duque de Turingia, dos años mayor que ella. Vivió una juventud dorada en la corte de Turingia y, cuando la boda se celebró diez años después, tuvo la suerte (excepcional para la época) de que esta alianza política se convirtiera en un matrimonio de amor.

Madre de tres hijos e iluminada por la espiritualidad de San Francisco, Isabel no tardó en convertirse en una reina preocupada por los mendigos. Construyó hospitales, socorrió a los pobres y dedicó una atención especial a los orfelinatos. Se dice que, un día, su esposo la sorprendió cuando se apresuraba a llevar a escondidas comida para los desdichados. Molesto por sus arranques de generosidad, excesivamente frecuentes, le ordenó que le mostrara su limosna. Ella soltó el pan que escondía en su delantal y que sujetaba con fuerza contra su cuerpo, y para sorpresa de ambos, sólo cayeron unas rosas de fragante perfume.

Su efímera felicidad se quebró cuando la peste se llevó a su marido en Otranto (Italia), mientras participaba en una cruzada junto a Federico II. Isabel se quedó viuda a los veinte años. Expulsada de la corte por su cuñado, que le reprochaba que despilfarrara su dinero en obras de caridad, ingresó en la Tercera Orden de San Francisco en Marburgo y se instaló en una antigua porqueriza. Allí construyó un hospital pero, sometida a la dirección de un maestro espiritual brutal y perverso, murió de inanición a los veinticuatro años de edad.

Fue canonizada en el año 1235 por el papa Gregorio IX.

ATRIBUTOS

Dando limosna. Rosas en los pliegues de su túnica o en una cesta. Cántaro.

FUNCIONES

Patrona de los mendigos y los panaderos. Es una de las santas más populares de Alemania y se la suele invocar contra el dolor de muelas.

Ivo de Kermartin

Sacerdote bretón. Nacido en Kermartin (Francia) en 1253 y murió en Louannec (Francia) en 1303

Sacerdote y doctor en derecho canónico, cura de Trédrez (Francia) y después de Louannec, Ivo fue ascendido por el obispo de Tréguier y deslumbró por su ecuanimidad durante el transcurso de su carrera como juez eclesiástico, pues abogaba siempre a favor de los más desamparados para defenderlos de los ricos y los poderosos. Una inscripción latina reza lo siguiente: «Santo Ivo era bretón, abogado y no ladrón, cosa que admiraba el pueblo».

San Ivo no dudaba en recorrer su diócesis de un extremo al otro para ayudar a los pobres, a los que dedicaba todos sus esfuerzos hasta la extenuación. Más adelante heredó la casa familiar de Kermartin, y decidió transformarla en un gran centro de acogida y cuidados abierto a mendigos, enfermos y ancianos.

Actualmente, el tercer domingo de mayo, abogados y magistrados de todos los países acuden a Tréguier (Bretaña francesa) para participar del «gran perdón de San Ivo» o del «perdón de los pobres», una procesión presidida por los obispos de Bretaña.

Conocido como el santo sacerdote de Dios entre sus contemporáneos, San Ivo fue canonizado en el año 1347.

Verónica Giuliani

Siglos XVII-XVIII. Italia. Abadesa de la Orden de las Clarisas Capuchinas

Estigmas. Corona de espinas. Crucifijo contra el pecho. Corazón perforado y sangrante.

Vicente Ferrer

Siglos XIV-XV. Valencia. Religioso de la Orden de Predicadores (dominicos)

Alas. Ángeles. Banderolas. Boca abierta. Sombrero de cardenal. Orando en el púlpito. Dedo señalando hacia el cielo. Paloma. Bandera. Fuego. Lirio. Trompeta. Llama en la mano, apoyada en la frente o en la cabeza.

Vicente María Strambi

Siglos XVIII-XIX. Italia. Religioso de la Congregación de la Pasión y obispo

Crucifijo. Mano derecha sobre el pecho.

Vicente mártir

Siglo IV. Zaragoza

Palma. Racimo de uvas. Tonel.

Vicente de Paúl

Véase pág. 185.

Vicente de Zaragoza

Siglo IV. España. Diácono

Cuervo. Lobo. Muela de molino. Podón. Uva. Cama de hierro con púas. Barco.

Victorino

Legendario

Verdugo y hacha.

Vigor de Bayeux

Siglo VI. Bayeux (Francia). Obispo

Sujeta con su estola a un dragón.

Viridiana

Siglo XII. Castelfiorentino (Italia). Reclusa

Rosario pequeño. Serpientes dominadas.

Vital de Savigny

Siglo XI. Normandía (Francia). Fundador de la abadía de Savigny

Gallo. Caldero.

Vladimiro Basilio

Siglos X-XI. Rusia. Príncipe de Novgorod

Globo terráqueo. Manto ribeteado en piel.

Walburga

Siglo VIII. Heidenheim (Alemania). Abadesa de la Orden de San Benito (benedictinos)

Tres espigas de trigo. Corona a sus pies. Frasco en la mano (derecha).

Waudru

Siglo VII. Mons (Bélgica). Madre de familia y, después, eremita

Protege a sus dos hijas bajo su manto.

Wenceslao

Véase *Venceslao*, pág. 182.

Wendelino

Siglo VI. Hijo del rey de Irlanda; pastor

Saco de mendigo, sombrero grande y bastón en la mano. Ovejas.

WILEBARDO

Véase *Willibaldo*.

WILFRIDO DE YORK

Siglo VIII. York (Inglaterra). Obispo

Torre, vasija.

WILIBRORDO

Siglo VIII. Inglaterra; Irlanda. Obispo

Tonel en el que hunde el extremo del báculo. Iglesia gótica bajo el brazo derecho. Fuente a sus pies. Da de beber a doce mendigos.

WILLIBALDO O WILEBALDO

Siglo VIII. Inglaterra; Eichstadt y Baviera (Alemania). Obispo

Pectoral y cinco virtudes.

WINFRID

Véase *Bonifacio de Maguncia*.

WULMAR

Siglo VII. Boulogne-sur-Mer (Francia). Monje

Cierva. Entrañas.

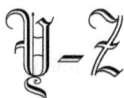

Imagen devota: retrato de Santa Zia de Lucca (1218-1278), protectora de los criados. Cromolitografía, c. 1900
© Fototeca/Leemage

ZACARÍAS

Israel. Padre de Juan Bautista

Incensario. Cuchillo en la garganta.

ZENOBIO DE FLORENCIA

Siglos IV-V. Florencia (Italia). Obispo

Olmo.

ZENÓN DE VERONA

Siglo IV. Verona (Italia). Obispo

Pez enganchado a la voluta de su báculo. Aparejos de pesca.

ZITA DE LUCCA

Véase pág. 189.

ZÓSIMO

Siglo V. Egipto. Eremita de Tebas

Cáliz. León.

Jerónimo de Estridón

Traductor de la Biblia y padre de la Iglesia latina. Nació en Dalmacia
c. 347 y murió en Belén (Galilea) c. 420

En ocasiones, las hagiografías aceptadas no han edulcorado el aspecto menos amargo y más sorprendente de ciertos santos. Jerónimo, brillante asceta y anacoreta de los desiertos de Siria, fue también célebre por su irascible carácter. No sopesaba sus palabras y discutía con todo el mundo, ¡incluso con los obispos de Jerusalén!

Bautizado a los diecinueve años, este «literato» romano vivió en comunidad antes de viajar con treinta años al desierto de Calcis, en Siria, donde se entregó con fervor al ascetismo y se sumergió en los infiernos, antes de ascender con rapidez al paraíso. Tan pronto lo atrapaban los demonios, los ángeles lo raptaban. Cuando regresó a Roma lo nombraron secretario del papa y tradujo la Biblia al latín (su versión es la que se conoce como la Vulgata).

Jerónimo traducía, corregía, comentaba y vilipendiaba a sus detractores. Las mujeres de la alta nobleza adoraban a este personaje excepcional. Tras la muerte del papa, Jerónimo viajó a Belén, seguido de un contingente de admiradoras. Ahí fundó monasterios, escuelas y hospicios que administró durante treinta y cinco años, pero su carácter no mejoró. Este hombre santo continuó discutiendo e incluso lastimando a sus contemporáneos.

«Poseído» sin duda alguna por un alma exigente a la par que venenosa, Jerónimo fue un hombre que, a pesar de su santidad, sufrió muchísimo hasta prácticamente el final de su experiencia. Por eso se le recuerda como un santo desgarrado, sometido al «castigo» de sus propias pasiones físicas y, posiblemente, carnales.

ATRIBUTOS

Anciano enjuto que está cerca de un león. Sabio en su celda. Penitente en el desierto. Sombrero de cardenal en el suelo. Cráneo sobre una mesa o un reloj de arena.

FUNCIONES

Patrón de los estudiantes, los eruditos, los documentalistas, los bibliotecarios, los arqueólogos, los conservadores y, por supuesto, los traductores.

Guía de atributos

ABANICO LITÚRGICO
Liborio

ABEJA
Ambrosio de Milán
Domingo de Guzmán
Juan Crisóstomo
    (una abeja que sale de su boca)
Rita de Casia
    (las abejas salen de la boca de la santa
    recién nacida)

AFRICANO (JOVEN)
Pedro Claver

ÁGUILA
Agustín de Hipona
Aldalberto de Praga
    (el águila vela el cadáver del santo)
Gisleno de Hainaut
Juan de la Cruz
Juan Evangelista
Medardo
    (un águila vuela sobre su cabeza)

ALABARDA
Matías apóstol

ALAS
Vicente Ferrer

ALTAR
Juan Eudes
    (arrodillado delante de un altar)
Juliana de Mont-Cornillon
Tomás Becket (se desploma ante el altar)

ALUMNOS
Alberto Magno

AMPOLLA
Cosme y Damián
Lucas Evangelista

ANCIANO
Antonio Abad
    (anciano barbudo vestido de fraile)
Jerónimo de Estridón
    (anciano enjuto cerca de un león)
Juan Evangelista
    (anciano de barba blanca
    en la iconografía oriental)
Pedro apóstol (anciano con tiara)

Juan Bautista de la Salle

Presbítero francés y fundador de los Hermanos de las Escuelas Cristianas. Nació en Reims (Francia) en 1651 y murió en Ruan (Francia) en 1719

Juan Bautista, el mayor de once hermanos, nació en el seno de una familia de magistrados y ricos negociantes de Reims. A los once años de edad recibió la tonsura clerical y en 1670 fue admitido en el seminario parisino de Saint-Sulpice. Más adelante fue enviado a su ciudad natal para dirigir las escuelas parroquiales, y ocuparse de sus hermanos, que se habían quedado huérfanos en el año 1672.

Aunque parecía destinado a ascender por los peldaños de la jerarquía eclesiástica hasta llegar a lo más alto, el joven, que fue ordenado sacerdote en 1678, decidió renunciar a su prebenda eclesiástica y despojarse de su fortuna para ayudar a los más necesitados. Pronto reunió a su alrededor a varios discípulos que apoyaban la originalidad de su proyecto educativo y les propuso la creación de una comunidad solidaria de educadores. En el año 1688, fortalecido por sus primeros éxitos, desplegó su programa en París con el apoyo del superior de la parroquia del Saint-Sulpice, que más adelante le reprochó la severidad con la que trataba a sus alumnos y a sus compañeros, puesto que muchos murieron de agotamiento.

Los Hermanos de las Escuelas Cristianas eran religiosos de votos sencillos (es decir, no podían ser ordenados sacerdotes) que pronto se hicieron populares por su vestimenta: hábito negro con alzacuellos blanco y manto de mangas anchas. En el año 1694, Juan Bautista fue elegido supervisor de la congregación, y redactó una regla definitiva para acelerar su desarrollo y multiplicar las sedes.

Juan Bautista de la Salle fue canonizado en el año 1900.

Ancla

Clemente (ancla y tiara)
Cristina de Tiro
Cuniberto de Colonia
(ancla, tiara y paloma)
Filomena
Nicolás de Bari
Rosa de Lima
(ancla con una fortaleza a sus pies)

Ángel

Adelaida (entre nubes de ángeles)
Agustín Novelli
(ángel hablándole al oído)
Aldegunda (un águila la guía)
Antonio de Padua (nubes de ángeles)
Dorotea (acompañada de un ángel)
Gertrudis de Helfta
(ángeles que transportan una corona
de espinas y un junco)
Inés de Montepulciano
(un ángel le da la comunión)
Jacinta Mariscotti
Juan de Dios
Mateo Evangelista
Miguel Arcángel (aplasta a un dragón)
Nicolás de Bari (un ángel le trae el palio)
Nuestra Señora de la Asunción
(angelotes)
Nuestra Señora de la Concepción
(se alza sobre una nube, rodeada
de serafines)
Nuestra Señora de Guadalupe
(la sostiene un angelote)
Nuestra Señora Mediadora de Todas
las Gracias (rodeada de ángeles)
Nuestra Señora de Piedra
(rodeada de querubines)
Nuestra Señora Reina del Cielo
(los ángeles sujetan una corona sobre
su cabeza)

Nuestra Señora de los Tres Avemarías
(rodeada por tres grupos de querubines)
Pacomio (se le aparece un ángel)
Pedro de Regalado
Restituta
(ángel guardián y barca ardiente)
Roberto de Molesmes
(un ángel sujeta un tintero)
Roque
Simeón Estilita
(un ángel le lleva alimento)
Tarcisio
(un ángel le lleva una corona de flores)
Teresa de Ávila
(un ángel le perfora el pecho
con un dardo)
Tomás de Aquino
(un ángel le ayuda a escribir)
Tomás de Villanueva
Vicente Ferrer

Angelotes armados

Fermín de Amiens (angelotes en el cielo)

Anguila

Isberga (anguila en la mano)

Anillo

Catalina de Siena
Dámaso (con un diamante)
Hermano José
(anillo entregado por la Virgen)
Ida de Fischingen (anillo nupcial)
Inés de Roma
(anillo en la mano derecha)
Isberga (anillo en la mano)
Kentigerno (anillo en la boca de un salmón)
Mustiola (anillo suspendido de un hilo)
Roberto de Molesmes
(anillo pastoral que la Virgen le entrega
a su madre)

Antorcha
Aidan de Lindisfarne
Domingo de Guzmán
(antorcha encendida que transporta
un perro)
Teodoro de Bizancio
(antorcha en la mano derecha)

Aparejos de pesca
Zenón

Aparición de Jesús
Antonio de Padua
Francisco de Asís
Margarita María de Alacoque
(Cristo le muestra su corazón)
Martín de Tours

Aparición de San Isidoro de Sevilla
Martín de León

Aparición de San Juan de Capristano
Pedro de Alcántara

Aparición de la Virgen
Antonio María Claret
(con muceta y bonete episcopal)

Arado
Isidro Labrador

Araña
Conrado (araña y cáliz)

Árbol
Benito de Nursia
Cristóbal

Juan Crisóstomo
Sebastián
(atado al árbol y acribillado
por las flechas)

Arca
Noel Pinot

Arco, rastrillo de cardar
Santiago *el Mayor*

Armadura
Hermenegildo
Jorge de Capadocia
Juana de Arco
Martín de Tours
Pancracio
Simón de Crespy
Teodoro de Bizancio

Artesón
Bárbara
Hilarión anacoreta (gran barba)
Marón (barba blanca y gran estola)
Nicolás de Bari

Ascendiendo
Hermenegildo

Ascuas candentes
Tiburcio

Juan Bosco (o Don Bosco)

**Fundador de la Sociedad de San Francisco de Sales (salesianos).
Nació en Becchi (Italia) en 1815 y murió en Turín en 1888**

Nacido en un pequeño pueblo próximo a Turín, Juan Bosco quedó huérfano de padre a los dos años de edad. Antes de cumplir los diez años ya había visto a la Virgen en sueños y estaba totalmente convencido de que debía consagrar su vida a Dios. A los doce años empezó a trabajar como mozo de cuadra para un anciano sacerdote, al que confió su intención de dedicarse al sacerdocio; fue ordenado en el año 1841.

Durante toda su vida se dedicó al servicio de los más pobres, primero en el seno del Oratorio de San Francisco de Sales y, a partir del año 1859, en el marco de la Sociedad de San Francisco de Sales, conocida actualmente como la Sociedad Salesiana de San Juan Bosco y reconocida por la Santa Sede en 1869.

Salesiano de alma, Juan Bosco observó atentamente a San Francisco de Asís, su guía en la caridad, y junto a su discípula María Dominga Mazzarello creó una congregación femenina, el Instituto de las Hijas de María Auxiliadora.

Juan Bosco alcanzó una gran notoriedad en Europa. Además, su obra educativa y caritativa, centrada en las clases populares, hizo que en el mundo entero surgieran numerosas fundaciones vinculadas a la sede principal. Empezó a ser conocido como el maestro de la espiritualidad de los jóvenes, debido a la fuerte influencia que ejerció sobre la juventud de su país.

Juan Bosco, canonizado el día de Pascua de 1934, es considerado un gran taumaturgo.

ATRIBUTOS

Ataviado con sotana y bonete en la cabeza. Rodeado de niños.

FUNCIONES

Patrón de los aprendices.

Juan de la Cruz

Reformador del Carmelo y doctor de la Iglesia. Nació en Fontiveros en 1542 y murió en Úbeda en 1591

Este gran místico de la noche oscura del alma supo encontrar la paz en la adversidad y las persecuciones. A los veintiún años ingresó en la Orden del Carmelo y durante toda su vida manifestó una gran humildad y benevolencia. Cuando conoció a Santa Teresa de Ávila, esta lo convenció para que reformara su orden, del mismo modo que ella había reformado la suya.

En el año 1577, los carmelitas lo maniataron y lo encerraron en una celda miserable. Fue en este lugar nauseabundo y oscuro donde escribió sus poemas más hermosos acerca de la experiencia de la nada y la destrucción en Dios. Logró escapar, como un ladrón o un vulgar prisionero, con una cuerda que fabricó con el sayal. Unos años después, sus propios hermanos, los carmelitas descalzos, lo exiliaron a un rincón perdido de Andalucía. Se retiró a una ermita en 1591 y, poco después, se lo llevó una enfermedad.

Fue canonizado en 1726.

Asesinos
Tomás Becket (asesinos que le atacan)

Asno
Antonio de Padua
Auberto de Cambrai
  (asno cargado con cestos de pan, con una bolsa alrededor del cuello)
Félix de Cantalicio
Germán de Auxerre
Guérin (asno arrodillado)
Hilarión anacoreta
  (a horcajadas sobre un asno)
Régulo de Senlis
Torpetes

Astrolabio
Alberto Magno (astrolabio en la mano)

Aureola luminosa
Bernardino de Siena
Ignacio de Loyola
Nicolás de Tolentino

Ave de corral
Ulrico de Augsburgo
  (ave de corral transformada en pez)

Báculo
Berta
  (báculo y sayal de abadesa, con un libro en la mano)
Fermín de Amiens (báculo y cruz)
Gil o Egidio (báculo y abad con sayal)
Juan Morosini (báculo sujeto por un ángel)
Nicolás de Bari (báculo latino en la mano)

Balanza
Antonino de Florencia
  (sujeta una balanza en la mano derecha, con frutas en un lado y un billete en el otro)
Mauro Abad

Balas de cañón
Bárbara
Nuestra Señora de la Paz
  (balas de cañón bajo sus pies)

Balde
Florián
  (balde de agua para apagar los incendios)

Ballena
Maclovio de Alet (o Macuto)

Bandera
Véase *Estandarte*

BANDEROLAS
Vicente Ferrer

BARCA
Adelaida (huyendo)
Aré
Atanasio de Alejandría (huyendo)
Julián *el Hospitalario*
Pedro apóstol
Restituta
　(barca ardiente con ángel guardián)
Torpetes

BARCO
Anselmo de Canterbury
　(lo sujeta en la mano)
Gildas *el Sabio* (barco naufragando)
Nicolás de Bari
Pablo
Úrsula de Colonia
Vicente de Zaragoza

BARRA DE HIERRO EN LA NUCA
Benigno

BARRIL DE SAL
Ruperto de Worms

BASÍLICA
Bernadette Soubirous
　(basílica de Lourdes)
Pedro apóstol
　(basílica de San Pedro)

BASILISCO
Trifón (basilisco amansado)

BASTÓN
Aldegunda (vara para dirigir el coro)
Antonio Abad (bastón en forma de tau)
Bartolomé
Cristóbal
Francisco de Paula
　(bastón de peregrino o de eremita)
Gauderico (bastón y espiga de trigo)
Ignacio de Láconi
Juan Soreth
Morando (bastón de prior)
Roque (bastón de peregrino o de eremita)
Santiago *el Menor*
　(bastón de batanero en forma de maza)
Tomás apóstol

BATANERO O MAZA
Santiago *el Menor*

BENDICIÓN
Eduvigis o Hedwig de Sajonia
　(bendecida por Jesucristo crucificado)
Fructuoso de Braga
　(bendiciendo, con la mano en alto)
Nicolás de Bari
　(bendiciendo, con los dedos en alto)
Teódulo
　(bendiciendo, con los dedos en alto)

BIBLIA
Alejandro Sauli
Romualdo

BOCA
Ramón Nonato
　(boca cerrada con un candado)
Vicente Ferrer (boca abierta)

Juan de Dios

João Cidade nació en Portugal y fue abandonado en España por el desconocido que lo acogió (sin duda, después de que escapara del domicilio paterno). Llevó una vida de lo más emocionante y tuvo trabajos de todo tipo, desde pastor hasta soldado, antes de convertirse al cristianismo a la edad de cuarenta y dos años. Entonces viajó a África para socorrer a los cristianos apresados por los infieles. Más adelante se estableció en Gibraltar, donde difundió libros píos (por eso muchos libreros se encomiendan a él) y finalmente regresó a la Península Ibérica.

En el año 1537, durante un sermón de Juan de Ávila, João expresó de un modo tan exaltado su arrepentimiento y su contrición que todo el mundo creyó que había perdido la cabeza. Tras pasar una breve temporada en el manicomio, decidió dedicarse en cuerpo y alma al servicio de los enfermos, con el vanguardista objetivo de curarlos sin menoscabar su dignidad. En el año 1537 fundó su primer hospital en Granada, y años más tarde, la Orden Hospitalaria de San Juan de Dios.

Este santo, a quien le gustaba que lo llamaran el mendigo de Granada, se consagró hasta el final de sus días a «sus señores», los pobres y los enfermos.

Fue canonizado en 1690.

ATRIBUTOS

Ángel. Bordón. Corona de espinas. Granada en forma de globo o Niño Jesús con la granada. Cuerda. Tronco alrededor del cuello.

FUNCIONES

Patrón de los enfermos, los enfermeros y los hospitales. Invocado contra el pecado del orgullo.

Juan Evangelista

Apóstol de Jesús, el discípulo amado. Nacio en Galilea en año desconocido y murió en el Éfeso (Asia Menor) c. 100

Águila, símbolo del Verbo. Representado como un joven en Occidente y como un anciano de barba blanca en Oriente, suele sujetar una copa de la que asoma una víbora, en alusión a la leyenda que afirma que un sumo sacerdote de Diana lo desafió a ingerir una bebida envenenada en Éfeso, el lugar donde murió. Caldero, en alusión a su suplicio ante la Puerta Latina.

FUNCIONES

Patrón de los teólogos, los escribas y los editores. Invocado por aquellos que están preocupados por algún amigo íntimo.

Juan, hijo de Zebedeo y Salomé, y hermano de Santiago el Mayor, era un pescador del lago de Tiberíades. Cuenta la leyenda que Jesús lo llamaba *hijo del trueno* debido al impetuoso temperamento que tenía el más joven de sus discípulos. En las Santas Escrituras se refieren a él como el «discípulo a quien Jesús amaba». Además, es posible que fueran primos, pues muchos estudiosos creen que Salomé era hermana de la Virgen. Este afecto especial que los unía le impulsó a transmitir mejor que nadie, tanto en sus escritos como en los hechos de su existencia, el mensaje de la humanidad de su maestro.

Cuando agonizaba en la cruz, Jesús le confió el cuidado de su madre; Pedro y Juan fueron los primeros en visitar la tumba de su maestro tras conocer el testimonio de las mujeres, y Juan el primero también en reconocer a Jesús resucitado. Al final de su vida escribió el cuarto Evangelio. Tertuliano afirma que, durante el reinado del emperador Domiciano, Juan fue llevado a Roma, donde el Senado ordenó quemarlo con aceite hirviendo. El suplicio, ejecutado ante la Puerta Latina, no causó ningún dolor al santo, que se mantuvo tan fresco y tan joven como siempre.

Su tumba, que descansa en la basílica de Éfeso que lleva su nombre y que fue construida en el lugar en el que sucedió su martirio, ha sido siempre un importante lugar de peregrinaje. También es venerado en la isla de Patmos (Grecia), a la que se exilió durante el reinado del emperador Domiciano. En esta isla, los cristianos pueden visitar el monasterio de San Juan, y también la gruta en la que, según dicen, tuvo la premonición del Apocalipsis y oyó la voz de Dios, que le decía: «Soy el alfa y el omega, el principio y el fin».

Bolsa, alforja

Amadeo IX de Saboya (bolsa en la mano)
Auberto de Cambrai
   (bolsa alrededor del cuello de un asno,
   cargado de cestos de pan)
Brioc de Bretaña (tres bolsas)
Cunegunda
Ivo de Kermartin (alforja con libros)
Juan *el Limosnero*
Juan de Mata (bolsa en la mano)
Lamberto de Lieja (bolsa con libros)
Lorenzo
Mateo Evangelista (bolsa en la mano)
Nicolás de Bari
   (dando bolsas a unas muchachas pobres)
Sixto II
Tomás de Villanueva (bolsa en la mano)
Zita de Lucca
   (lleva una bolsa llena de flores o de pan)

Bombarda

Bárbara

Bonete

Alberto Magno (bonete de doctor)
Ginés de Arlés (bonete de magistrado)
Lorenzo Giustiniani (bonete con orejeras)
Pedro Urseolo (bonete de dux en la mano)
Tomás Becket (bonete en la mano)

Bordón (bastón de peregrino)

Amaro
Bernabé
Francisco Javier
Francisco de Paula (bordón y concha)
Gerardo de Aurillac
Herveo
Juan de Dios (bordón y conchas)
Juan Pelingotto
Reineldis (bordón y rosario pequeño)

Roque (bordón y conchas)
Santiago de la Marca
Santiago *el Mayor* (bordón y concha)

Brazo

Alfonso María de Ligorio
   (brazos cruzados sobre el pecho)
Eugenio (brazos elevados en oración)
Kevin de Glendalough
   (brazos en cruz con pájaros anidando en
   sus manos)

Breviario

Véase *libro*

Bubón o llaga en la parte superior de la pierna izquierda

Roque

Buey, bóvido

Cornelio (buey o cuerno)
Furseo (dos bueyes tumbados a sus pies)
Gens
   (buey y lobo enjaezados al mismo yugo)
Guérin (buey arrodillado)
Guy o Guido de Anderlecht
   (buey de labranza)
Isidro Labrador (pareja de bueyes)
Lucas Evangelista
Saturnino de Tolosa (buey a sus pies)
Tomás de Aquino
   (por su apodo, «buey mudo»)

Burguesía romana

Ana María Taigi
   (vestida como la burguesía romana)

C

CABALLERO
Hermes
   (arrastra a un diablo que sujeta con
   una cadena)
Jorge de Capadocia
   (atraviesa un dragón con su lanza)
Martín
   (caballero que comparte su manto)

CABALLETE
Lucas Evangelista

CABALLO
Antonio de Padua
Félix de Cantalicio
Gengoult
Humberto de Tongres
Jorge de Capadocia
Martín de Tours
Teodoro de Bizancio

CABELLOS
Águeda de Catania
Inés de Roma
   (cubre su desnudez con sus cabellos)
María Egipciaca
   (cubre su desnudez con sus cabellos)
María Magdalena

CABEZA
Ciro de Tarso (cabeza fracturada)
Crisol
   (obispo que sujeta su cabeza cortada)
Desiderio
   (cabeza cortada en sus manos)

Dionisio
   (obispo que sujeta su cabeza cortada)
Edmundo
   (cabeza cortada protegida por un lobo)
Felicidad
   (siete cabezas de niños sobre una meseta)
Germán de Besanzón
   (sujeta la cabeza en sus manos)
Helerio (cabeza cortada en sus manos)
Juan Bautista *el Precursor*
   (cabeza cortada)
Justo de Beauvais
   (cabeza cortada sobre el pecho)
Luciano de Beauvais
   (cruza un río transportando su cabeza)
Nicasio (lleva la cabeza cortada)
Olegario
   (sin sombrero, con báculo y misal)

CABRESTANTE
Erasmo o Elmo
   (intestinos enrollados alrededor
   de un cabrestante)

CADALSO
Noel Pinot

CADÁVER
Espiridión
Estanislao (cadáver cortado en pedazos)

CADENA
Adelaida (cadenas abiertas a sus pies)
Bernardo de Menthon
   (diablo sujeto con una cadena)
Dionisio
Eberhard
Ignacio de Antioquía
Jerónimo Emiliani
Juan Gabriel Perboyre

Juan María Vianney

Santo cura de Ars. Nació en Dardilly (Francia) en 1786
y murió en Ars-sur-Formans (Francia) en 1859

El célebre cura de Ars sufrió a lo largo de su vida diversos contratiempos y conflictos interiores causados por el Maligno. Fue un hombre de innegable santidad, y un confesor dotado de una gran psicología que concedió la paz del alma a los miles de peregrinos que acudían desde todas partes para confesar sus tormentos y sus desgarros más íntimos.

Todo lo que rodea su vida es excepcional: hijo de un agricultor pobre, aprendió a leer con dificultad a los dieciocho años, pero fue expulsado del seminario dos años después porque era incapaz de retener cualquier información. Su protector, el abad de Belley, no logró instruirlo lo suficiente, y el cura de Ars volvió a ser rechazado. Finalmente, logró ser nombrado sacerdote, pero no se le concedió la facultad de confesar. Sin embargo, en el año 1830 su nombre ya era conocido en todo el mundo: se levantaba a la una de la madrugada para recibir, escuchar, consolar, absolver y sosegar a todas las almas inquietas o torturadas que acudían a su lado.

Juan María sufrió durante treinta y cinco años los ataques del demonio, que estaba furioso por la cantidad de almas que le quitaba. Este lo tentaba, pero el cura de Ars nunca dejó de propagar la paz del Señor.

Fue canonizado en el año 1925.

ATRIBUTOS

Con sobrepelliz y una estola alrededor del cuello.

FUNCIONES

Patrón de todos los sacerdotes del mundo.

Juan de Mata

Fundador de la Orden de la Santísima Trinidad (trinitarios). Nació en Faucon (Francia) en 1160 y murió en Roma en 1213

Estudiante en Aix-en-Provence (Francia) y doctor en teología, fue ordenado sacerdote y ejerció esta labor en París.

Un día, Juan de Mata tuvo una visión en la que aparecía un hombre vestido de blanco, con una cruz roja y azul en el pecho, que extendía la mano para bendecir a dos prisioneros, uno blanco y otro de origen morisco. Con el apoyo del papa y la ayuda de Felipe Augusto, que le donó su primer monasterio en Cerfroid (Francia), fundó la Orden de la Santísima Trinidad en el lugar en el que se había producido este hecho, que no tardó en convertirse en un centro de peregrinaje al que acudían pobres y enfermos.

La misión de esta orden consistía en rescatar a los cautivos de los infieles de Marruecos y Túnez. Con su amigo, el ermitaño que años más tarde sería canonizado con el nombre de San Félix de Valois, también rescató a miles de cristianos que vivían en la esclavitud. Gracias a su éxito, el rey de Francia concedió un nuevo convento a la orden, esta vez en París, cerca de una capilla dedicada a San Maturino. Esta es la razón por la que, en Francia, los trinitarios reciben el nombre de maturinos.

Juan Teófano Vénard
Leonardo de Noblac (cadena y libro)
Leopoldo de Gaiche
Matías apóstol (cadenas rotas)
Pedro Nolasco (cadenas rotas)
Regina de Autun
    (cadenas milagrosas)
Senoco
    (cadenas alrededor del cuello)
Sergio
    (cadena alrededor del cuello)

Caja de mimbre
Juan Teófano Vénard

Caja de ungüentos
Cosme y Damián
Santiago *el Mayor*
    (caja de medicamentos)

Cajas llenas de oro
Gontrán de Borgoña

Caldero
Guy o Guido
Juan Evangelista
    (delante de la Puerta Latina)
Vital de Savigny

Cáliz
Bruno de Colonia
Cayetano de Thiene (cáliz junto a él)
Clara de Asís (cáliz, lirio y ostensorio)
Conrado (cáliz con araña)

Donato de Arezzo (cáliz roto)
Ferréolo
    (cáliz sobre el que se alza una serpiente)
Gaspar del Búfalo
    (cáliz aureolado de gloria)
Hermano José (cáliz y rosas)
Hugo de Lincoln
José María Tomasi (cáliz, hostia y ángeles)
Juan Evangelista
    (cáliz del que sale un dragón
    o una serpiente)
Juan de Sahagún (cáliz y hostia)
Lorenzo (cáliz lleno de piezas de oro)
Luis Beltrán
    (cáliz del que escapa un dragón
    o una serpiente)
Lupo de Sens
    (cáliz del que caen piedras preciosas)
Maclovio de Alet (o Macuto)
    (cáliz y hostia)
Mauvieu (cáliz y hostia)
Norberto de Magdeburgo
    (cáliz con araña)
Nuestra Señora del Santo Sacramento
    (cáliz sujeto por el Niño Jesús
    o cáliz frente a la Virgen)
Ricardo de Wyche (cáliz a sus pies)
Teresa de Ávila
    (cáliz y hostia suspendidos en el aire)
Tomás de Aquino
    (cáliz en la mano, paloma junto a la oreja
    y rollo de pergamino)
Zósimo

Calvario
Solangia (calvario en las proximidades)

Cama
Lidwina de Schiedam
Vicente de Zaragoza
    (cama de hierro con púas)

CAMELLO
Afrodisio

CAMPANA, CAMPANILLA
Antonio Abad (campanillas)
Benito de Nursia (campana quebrada)
Monón de Nassogne (campana y cerdo)
Paulino de Nola
Pedro Nolasco
    (campana en la que aparece la imagen
    de la Virgen)
Teódulo (diablo que lleva una campana)

CANASTA
Landerico (canasta a sus pies)

CANASTILLA
Dorotea
    (mujer que lleva una canastilla,
    con una espada en el suelo)

CANGA
Juan Gabriel Perboyre

CANGREJO
Francisco Javier
    (cangrejo cargado con un crucifijo)

CÁNTARO
Véase *jarra*

CANTIMPLORA
Bernardo de Menthon
    (cantimplora colgada del cuello
    de un perro)

Roque
    (cantimplora atada al bordón)

CAÑÓN
Bárbara

CAPA
Nuestra Señora del Cabo
Nuestra Señora de Walcourt
    (capa larga)

CAPILLA
Viridiana

CAPUCHINO CON BARBA BLANCA
Pío de Pietrelcina, *el padre Pío*

CAPUCHÓN SOBRE LA CABEZA
Francisco Coll y Guitart
Francisco de Paula

CARRACA DE LEPROSO
Eberhard

CARTA EN LA MANO
Alejo mendigo
Luisa de Marillac

CARTEL
Amadeo IX de Saboya
    (cartel con las palabras: «Sed justos,
    amad a los pobres»)

CASA
Amable de Riom (casa en llamas)
Cristina de Tiro
    (varias casas en llamas)
Nuestra Señora de Loreto
    (sujeta una casa en sus manos)

Casco

Guillermo de Gellone
Nuno Álvarez Pereira
(casco de armadura a sus pies)

Casulla

Francisco de Sales
(casulla y manos cruzadas sobre el pecho)
Ildefonso

Cautivo encadenado

Juan de Mata

Cayado

Pascual Bailón (cayado y mitones)

Centauro

Pablo eremita
(un centauro guía a Antonio hacia
San Pablo eremita)

Cerdo

Antonio Abad
Monón de Nassogne (cerdo con campana)

Cerrojo de prisión

Licinio

Cesto

Auberto de Cambrai
(cestos de pan que carga un asno)
Felipe apóstol (cesto de hojas)
Isabel de Hungría (rosas en un cesto)

Juan Macías
Julián de Cuenca (trenzando un cesto)
Remaclo
(lobo enalbardado cargado con
dos cestos)

Cetro

Aldegunda (cetro pisoteado)
Casimiro (cetro tirado en el suelo)
Enrique II
Gerardo de Toul
(cetro coronado por una paloma)
Gontrán de Borgoña
Margarita de Escocia
Nuestra Señora del Buen Socorro
Nuestra Señora de la Consolación
Nuestra Señora de la Liberación
Nuestra Señora María Auxiliadora
Nuestra Señora Reina del Cielo
Nuestra Señora del Roble
Nuestra Señora de Walcourt
Pulquería de Constantinopla

Chino

Francisco Fernández de Capillas
(convierte a un chino que se arrodilla
a sus pies)
Juan Pedro Néel (vestido con traje chino)

Chuzo con púas

Aldalberto de Praga

Ciego

Herveo
Julián de Cenomanum (cura a un ciego)

Malaquías de Armagh
(ciego y manzana)

CIERVA
Amador
Gil o Egidio
Wulmar

CIERVO
Aidan de Lindisfarne
(ciervo tumbado a sus pies)
Eustaquio de Roma
Humberto de Tongres
(ciervo con crucifijo)
Ida de Bolonia
(ciervo con cornamenta luminosa)
Julián *el Hospitalario*
Meinulfo de Paderborn
(ciervo con crucifijo)
Régulo de Senlis

CIGÜEÑA
Agrícola
(cigüeña a sus pies o con una serpiente
en el pico)

CIMITARRA
Juan de Capistrano (cimitarra rota)

CINTO
Isabel de Francia
Tomás apóstol
(la Virgen le da su cinto)

CIRIO
Blas de Sebaste
(sujeta dos cirios cruzados)
Genoveva
(vestida de pastora, sujeta el cirio que
el diablo intenta apagar)
Gúdula
(un ángel enciende el cirio que el diablo
intenta apagar)
Nuestra Señora de Ardents
(sujeta un cirio encendido)
Ubaldo

CIRUGÍA (INSTRUMENTAL DE)
Cosme y Damián

CISNE
Cutberto
(obispo con cisnes y columnas
de luz sobre él)
Hugo de Lincoln (cisne a sus pies)

CIUDAD
Ambrosio Sansedoni
(ciudad de Siena sobre una meseta)

CLAVO
Alejandro I
Elena (o Helena de Constantinopla)
(emperatriz que sostiene los clavos de la
crucifixión)
Filomena
Pantaleón de Nicomedia
Quintín
(hombre sometido al suplicio de los clavos)
Teresa de Ávila

COLGADO
Agapito
(colgado cabeza abajo sobre las llamas
de una hoguera)

Juan Teófano Vénard

Presbítero de la Sociedad de Misiones Extranjeras y mártir.
Nació en Saint-Loup-sur-Thouet (Francia) en 1829 y murió en Hanoi
(Vietnam) en 1861

Este santo de nombre predestinado (Teófano significa «amigo de Dios») inició su carrera espiritual vigilando las vacas de su padre en los prados de Saint-Loup-sur-Thouet, en el departamento francés de Deux-Sèvres. Pasaba el tiempo leyendo *Los anales de la propagación de la fe*, pues sus hagiografías le fascinaban de tal manera que acabaron decidiendo su conversión.

Convertido en presbítero de la Sociedad de Misiones Extranjeras, fue destinado a Vietnam, donde en el año 1861 aceptó con buen ánimo un martirio espeluznante por la causa de Cristo: estuvo encerrado en una caja de madera, con las rodillas clavadas en el cuello, antes de morir decapitado. Encontraron su cabeza en un río...

Sus compañeros recordaron durante largo tiempo su buen humor y la congruencia de su alma. Juan Teófano repetía sin cesar: «¡En la vida se necesita coraje!» y «¡Viva la alegría!» (esta última exclamación recuerda a la de Serafín de Sarov: «Buenos días, mi alegría!»). El santo, que hasta el final de sus días manifestó la presencia de la paz de Cristo, fue canonizado en 1988.

ATRIBUTOS
Caja de mimbre. Cadena. Crucifijo en la mano.

Juana de Chantal

Fundadora de la Orden de la Visitación de Santa María. Nació en Dijon (Francia) en 1572 y murió en Moulins (Francia) en 1641

ATRIBUTOS

Corazón ardiente.
Crucifijo.

En 1592 se casó con Christophe de Rabutin, barón de Chantal, y empezó a ser conocida por la caridad que dispensaba a todos los enfermos, incluso a los leprosos. Tras ocho años de feliz matrimonio, su esposo murió en un accidente de cacería. La joven, madre de cuatro hijos, inició entonces un difícil duelo en el hogar de su «triste» suegro, que tenía una insolente ama de llaves.

En el año 1604, durante una visita a Dijon para ver a su padre, escuchó un sermón de Francisco de Sales, que había ido a celebrar la Cuaresma. Turbada por ese encuentro, entabló amistad con él y le pidió que fuera su director de conciencia, pues tenía intención de dejarlo todo y consagrarse a los pobres. Al año siguiente, Francisco le invitó a visitar el castillo de Sales y, dos años más tarde, seguro de la autenticidad de su vocación, le ofreció dirigir la orden femenina que deseaba crear. Esta comunidad no se dedicaría únicamente a la plegaria, sino que también se ocuparía de forma activa del cuidado de los enfermos y los pobres, algo totalmente innovador en una época en la que los monjes debían centrarse exclusivamente en la contemplación.

Juana esperó pacientemente a quedar liberada de sus deberes como madre antes de consagrarse a la orden. En 1610, un año después de que su hija mayor contrajera matrimonio con el hermano de Francisco, ingresó con su hija pequeña en lo que se convertiría en la primera comunidad de la Orden de la Visitación, fundada en la localidad francesa de Annecy.

La célebre Madame de Sévigné fue una de las nietas de esta santa, canonizada en el año 1767.

Eutropio de Saintes
(asistiendo a un colgado)
Gorgonio de Roma
(colgado de un árbol)
Juan Ogilvie (cuerda de ahorcado)

COLLAR

Nuestra Señora de la Sonrisa
Sergio (collar de oro)
Teresa de Ávila
(collar que recibe de las manos
de la Virgen)
Tomás Moro
(collar de canciller de Inglaterra)

COLMENA

Ambrosio de Milán
Bernardo de Claraval
Juan Crisóstomo

COLUMNA

Simeón Estilita

COMUNIÓN

Carlos Borromeo
Estanislao de Kostka
Ignacio de Loyola
Luis Gonzaga (junto a un altar)

CONCHA

Agustín de Hipona
(niño con una concha)

CONCHA DE PEREGRINO

Guy o Guido de Anderlecht
Roque
(conchas cosidas sobre su hábito)
Santiago *el Mayor*
(concha con sombrero y bordón)

COPA

Benito de Nursia
(copa de la que escapa una serpiente)
Nicolás de Bari
(copa de oro que sujeta el joven que ha
caído al mar)

CORAZA

Adriano (coraza y manos cortadas)
Arnulfo de Metz
Juana de Arco (coraza y estandarte)
Tobías

CORAZÓN

Agustín de Hipona
(corazón ardiente atravesado
por una flecha)
Antonio de Padua
(corazón ardiente, mula, sayal, libro,
Niño Jesús, peces, lirio)
Catalina de Génova
(corazón perforado en la mano)
Catalina de Siena
(corazón en la mano derecha)
Cayetano de Thiene (corazón alado)
Clara de Montefalcone
(corazón sobre una patena)
Francisco Javier (corazón ardiente)
Gertrudis de Helfta (corazón ardiente)
Ignacio de Antioquía
(corazón con el monograma *IHS*)
Ignacio de Loyola
(corazón con una llama o con el
monograma *JHS* y coronado por tres
clavos o corazón perforado
por las espinas)
Inmaculado Corazón de María
(corazón atravesado por una espada
romana)
Juan Eudes
(María con el corazón visible)

Juana de Chantal

Judith (corazón en la mano)

Leandro de Sevilla

Lorenzo Giustiniani

Nuestra Señora de la Buena Guardia
(el Niño Jesús sujeta un corazón
en las manos)

Nuestra Señora de Fátima
(corazón sobre el pecho)

Nuestra Señora de la Guardia
(sujeta un corazón en la mano)

Nuestra Señora de la Merced
(corazón sobre el pecho)

Nuestra Señora de Pellevoisin
(corazón sobre el pecho)

Nuestra Señora del Sagrado Corazón
(corazón sobre el pecho)

Nuestra Señora de los Siete Dolores
(corazón atravesado por siete espadas
romanas sobre el pecho)

Nuestra Señora de los Tres Avemarías
(corazón sobre el pecho del que brotan
tres rayos que se dirigen hacia Jesucristo,
el Padre y el Espíritu Santo)

Teresa de Ávila
(corazón con el monograma *IHS*)

Verónica Giuliani
(corazón perforado y sangrante)

CORDERO

Genoveva

Inés de Montepulciano

Inés de Roma
(el cordero está a sus pies o lo sujeta
entre sus brazos)

Joaquín

Juan Bautista *el Precursor*

CORONA

Abdón y Senén
(dos hombres con traje persa
y una corona)

Adelaida (corona real con un pequeño velo)

Águeda de Catania
(corona de mártir entre las manos)

Casimiro (corona tirada en el suelo)

Catalina de Alejandría
(corona, espada, libro)

Edgar *el Pacífico*

Enrique II (corona sobre la cabeza)

Eduvigis o Hedwig de Sajonia
(corona ducal)

Gerardo de Aurillac
(corona de conde con nueve bolas)

Guillermo de Gellone
(corona ducal)

Hugo de Jumièges
(corona a sus pies)

Ida de Bolonia (corona abierta)

Inmaculado Corazón de María

Isabel de Francia (corona real)

Judoco de Ponthieu
(corona a sus pies)

Lucía

Luis de Anjou (corona a sus pies)

Margarita de Escocia
(corona a sus pies)

Margarita de Hungría (corona real)

Nuestra Señora del Buen Socorro

Nuestra Señora del Cabo

Nuestra Señora de la Conciliación

Nuestra Señora de la Consolación

Nuestra Señora de la Esperanza

Nuestra Señora de Fátima

Nuestra Señora de la Guardia

Nuestra Señora de Hal

Nuestra Señora de la Liberación

Nuestra Señora María Auxiliadora

Nuestra Señora de la Merced

Nuestra Señora del Monte Carmelo

Nuestra Señora del Perpetuo Socorro

Nuestra Señora de la Piedad

Nuestra Señora de Piedra

Julián *el Hospitalario*

Personaje legendario

Un día que el joven Julián estaba cazando un ciervo, vio que el bello y orgulloso animal se detenía y, volviendo la mirada hacia él, le decía: «¿Cómo te atreves a darme caza, tú que algún día serás el asesino de tu padre y de tu madre?». Asustado, Julián echó a correr para alejarse de aquel lugar. Cruzó campos y bosques, aterrorizado por la espantosa profecía.

Se estableció en un país lejano y se convirtió en un valeroso caballero, tan distinguido que el rey le entregó en matrimonio a una rica viuda para agradecer sus leales servicios. Mientras tanto, sus padres recorrían el mundo buscando a su adorado hijo, que se había marchado sin despedirse. La implacable rueda del destino los condujo hasta el castillo. Julián se había ausentado, y su mujer, a la que había ocultado la verdad, los recibió con gran honor. Como hacía mucho frío, les ofreció la cama conyugal para que pudieran descansar y estar calientes. Al día siguiente, Julián regresó temprano y descubrió a los durmientes en su cama. Creyendo que su esposa lo engañaba, los celos le cegaron y cortó la cabeza a sus progenitores. ¡Imaginad su estupefacción cuando vio regresar a su esposa de los maitines! ¿Quiénes eran los durmientes a los que acababa de decapitar?

Cuando su esposa le anunció que eran sus padres, Julián se derrumbó de dolor y angustia. Su fiel compañera lo consoló y le ofreció todo su apoyo. Decidieron abandonar el castillo y las prebendas para dedicarse a una vida de plegaria y penitencia. Se establecieron junto a una corriente de agua muy peligrosa y, con el dinero que ganaban como barqueros, construyeron con sus propias manos un hospital destinado a los pobres y los necesitados.

ATRIBUTOS

Barca. Ciervo.
Espada. Halcón.
Leprosos.

FUNCIONES

Patrón
de los barqueros,
los viajeros
y los posaderos.

Lamberto de Lieja

Obispo de Maastricht. Nació en Maastricht (Países Bajos) c. 635 y murió en Lieja (Bélgica) c. 705

Antes de que lo nombraran obispo, Lamberto fue un valeroso oficial que alcanzó la gloria en los campos de batalla. Sin embargo, decidió enrolarse en la armada de Cristo para culminar su periplo terrestre en la verdadera paz.

Destituido de su cargo de obispo por un alcalde celoso de sus prerrogativas espirituales, se refugió en un monasterio. Una noche de vigilia en la iglesia, derribó accidentalmente un banco. Furioso, el abad le ordenó salir a rezar al exterior, delante de la cruz que había en la puerta del monasterio. Hacía tanto frío que todos se fueron a dormir sin acordarse del penitente, al que, por otra parte, resultaba imposible distinguir en la oscuridad.

Al día siguiente encontraron a Lamberto arrodillado en la nieve. El hombre perdonó al abad y a la comunidad, y no tardó en recuperar su cargo, para gran alegría de las personas que amaba. Sin embargo, la diplomacia no era lo suyo. Le reprochó al rey Pipino que viviera con una cortesana ante los ojos de todos, y el hermano de esta, que tenía ciertos intereses en aquella relación, decidió dar muerte a aquel obispo tan sincero. El canalla reunió a un grupo de granujas que atacaron el hogar del obispo. Al verse amenazado, Lamberto recuperó sus reflejos de soldado y corrió a por una espada para defender su vida, pero no tardó en cambiar de opinión. Recordó que, al ser arrestado en el jardín de Getsemaní, en el monte de los Olivos, Jesús pidió a sus fieles que no ofrecieran resistencia. Siguiendo su ejemplo, Lamberto reunió a los suyos, los confesó y rezó con ellos mientras esperaba la muerte con serenidad. Cuando los impíos forzaron la puerta, los acogió en la paz de Cristo.

Nuestra Señora del Puy
Nuestra Señora Reina del Cielo
(los ángeles sostienen una corona
sobre su cabeza)
Nuestra Señora del Roble
Nuestra Señora del Rosario
Nuestra Señora de la Salette
Nuestra Señora de la Salud
Nuestra Señora de Seez
Nuestra Señora de los Tres Avemarías
Nuestra Señora de las Victorias
Nuestra Señora de Walcourt
Pedro de Arbués
(corona que llevan los angelotes)
Pulquería de Constantinopla
Regina de Autun
(corona que le lleva una paloma)
Walburga (corona a sus pies)

CORONA DE ESPINAS

Acacio de Antioquía
Catalina de Siena
Inés
Juan de Dios
Leopoldo de Gaiche
Luis IX de Francia
(corona de espinas en la mano)
María Magdalena de Pazzi
Nuestra Señora María Protectora
(una joven deja una corona de espinas
a sus pies)
Nuestra Señora de la Piedad
(Cristo tendido sobre su regazo,
con una corona de espinas)
Rita de Casia
(corona de espinas contra su pecho)

Rosa de Lima
Verónica Giuliani

CORONA DE FLORES

Acisclo (corona de rosas)
Anastasia
(corona que sostienen los ángeles
sobre su cabeza)
Dorotea
(corona que sostienen los ángeles
sobre su cabeza)
Inés de Roma
(corona de boda que desciende del cielo
y que sostiene la mano de Dios o corona
sobre sus cabellos)
Lidwina de Schiedam
(corona de rosas)
Luis Gonzaga
(corona que sostienen dos ángeles
sobre su cabeza)
Maglorio
(corona que sostienen los ángeles
sobre su cabeza)
Peregrino Laziosi
(corona que sujeta en su mano)
Rita de Casia
(corona que sostienen los ángeles
sobre su cabeza)
Rosa de Lima
(corona que sostienen dos ángeles
sobre su cabeza)
Rosalía de Palermo
(corona de rosas blancas)
Tarcisio
(corona que sostienen los ángeles
sobre su cabeza)

Tomás Felton
(corona sobre el cabello)

COTA DE MALLA
Guillermo de Gellone

CRÁNEO
Acaz de Amiens (cráneo partido)
Eduvigis o Hedwig de Sajonia
(cráneo a sus pies)
Florida Cevoli (cráneo sobre la mesa)
Francisco de Borja (cráneo coronado)
Jerónimo de Estridón
(cráneo sobre la mesa)
Juan Bautista de la Concepción
(cráneo sobre un reclinatorio)
Nicolás de Tolentino (cráneo en la mano)
Pablo eremita
Piatón de Seclin
(cráneo cortado por la parte superior)
Rosalía de Palermo
Teresa de Ávila (cráneo sobre la mesa)

CRISTO
Nuestra Señora María Reparadora
(arrodillada a los pies de un Cristo
crucificado sobre una palmera)
Nuestra Señora de la Piedad
(Cristo tendido sobre su regazo,
con heridas y corona)
Nuestra Señora de los Tres Avemarías
(rayos que salen de su corazón
y se dirigen hacia Cristo)

CRUCIFIJO
Alberto de Mesina (crucifijo entre lirios)
Alejandro Sauli (crucifijo sobre una mesa)
Alfonso María de Ligorio
(crucifijo sobre una mesa)
Álvaro de Córdoba
(crucifijo sobre los hombros)

Ángela de Mérici
(crucifijo florido en los pies o las manos)
Benito José Labre
(crucifijo que sujeta con la mano derecha
contra su corazón)
Buenaventura de Fidanza
(crucifijo y biblioteca)
Catalina de Siena
(crucifijo sobre el pecho)
Felipe Benizio
Florida Cevoli (contempla el crucifijo)
Francisco de Asís
(monje que camina sobre un globo
terráqueo y sujeta un crucifijo)
Gerardo Mayela
(crucifijo en la mano que apoya contra
el pecho)
Hermenegildo
(ascendiendo, con un crucifijo en la mano
y vestido de armadura)
Jenaro María Sarnelli
(crucifijo en la mano)
José Oriol
(brazos cruzados sobre el crucifijo)
Juan Bautista de la Salle
(crucifijo sobre una mesa)
Juan de Capistrano (agitando un crucifijo)
Juan de la Cruz (crucifijo en la mano)
Juan José de la Cruz (crucifijo en la mano)
Juan Marioni (crucifijo en la mano)
Juan Morosini
Juan Teófano Vénard
(crucifijo en la mano)
Juana de Chantal
Lidwina de Schiedam (crucifijo en la mano)
Luis Beltrán (crucifijo grande)
Luis Gonzaga
Luis María Grignon de Montfort
(crucifijo grande)
Marcelino Champagnat
(crucifijo en la mano)
Margarita de Escocia

Landerico de París

Obispo de París y fundador del Hôtel-Dieu en el año 650 o 651. Lugar y fecha de nacimiento desconocidos. Murió en París en 656

Landerico fue el vigesimoctavo obispo de París y su firma es la más antigua que se conserva en los archivos nacionales de la capital francesa.

Este santo, que abrazó la religión hacia el año 650 bajo el reinado de Clodoveo II, era célebre por su sabiduría y por su extrema caridad. Durante un periodo de gran carestía, vendió todos sus bienes para alimentar a los pobres que se presentaban ante él. Para venerar este excepcional acto de bondad, la iconografía suele representarlo con una canasta en la mano. También se le atribuye la fundación del primer hospital de París, el Hôtel-Dieu.

ATRIBUTOS
Repartiendo panes.
Canasta a sus pies.

Leodegario

Obispo de Autun y mártir. Nació en Neustrasia c. 616 y murió en Sarcinium (Francia) en 679

ATRIBUTOS

Espada con la que fue decapitado.

«Por mi nombre seréis perseguidos», predijo Jesús a sus apóstoles. Leodegario, obispo de Autun, pudo comprobar, como tantos otros, la misericordiosa bondad de Cristo.

Ebroin, ministro del rey Clotario, siempre sintió un odio feroz y tenaz por Leodegario. Al subir al trono, el rey Childerico obligó al celoso Ebroin a retirarse a un monasterio y confió a Leodegario su reino, que vivía un excepcional periodo de paz.

Sin embargo, los reyes a veces se enfadan y toman decisiones equivocadas. La santidad del obispo molestaba bastante en esta corte de corruptos, y Childerico, manipulado por una camarilla de herejes, ordenó darle muerte el día de Pascua. Aunque el obispo fue prevenido de la suerte que le deparaba el destino, decidió quedarse, y recibir al rey y a su séquito. Los acogió en la iglesia, les dio la comunión —como Jesús a Judas— y los invitó a su mesa. Sin pestañear, Leodegario ofreció a sus asesinos el beso de la paz... y logró escapar al monasterio en el que se había refugiado Ebroin, su enemigo acérrimo, al que absolvió y perdonó.

Tras la muerte de Childerico, el pueblo pidió que Leodegario retomara su cargo episcopal. Mientras tanto, el siniestro Ebroin se deshizo de su hábito y recuperó el cargo de primer ministro. Entonces ordenó detener a Leodegario, que ya vestía el hábito pontifical, le perforó los ojos y lo encerró en una mazmorra. Dos años después, en 679, le cortó la lengua y lo obligó a arrastrarse por las piedras de las calles. Finalmente, lo decapitó, un espectáculo que logró la conversión de los verdugos. Su tumba pasó a ser rápidamente en un lugar de peregrinaje en el que se sucedían los milagros.

María Magdalena de Pazzi
(crucifijo rodeado de lirios)
Mónica
Nicolás de Tolentino
Paula
Pedro Damián
Pedro de Alcántara
Pedro de Arbués
Pío V
Regina de Autun
(crucifijo en un halo sobre los muros
de una prisión)
Rita de Casia (crucifijo y rayos)
Roberto Belarmino
Rosa de Lima (crucifijo en los brazos)
Rosa de Viterbo
Rosalía de Palermo
Teófilo de Corte
(crucifijo contra su pecho, lirio)
Teresa de Jesús (crucifijo y rosas)
Vicente María Strambi
Vicente de Paúl

CRUZ

Adrián de Fortescue
(cruz de Malta sobre su hábito)
Águeda de Catania (cruz ante la que reza)
Alberto de Lieja o de Lovaina
(cruz de madera plantada en el camino)
Alberto Magno
(cruz dorada en el pecho que señala
con la mano)
Alejo mendigo (cruz cristiana)
Andrés (cruz en forma de X)

Antonino de Florencia
(cruz arzobispal en la mano izquierda)
Buenaventura de Fidanza
(cruz coronada por un pelícano
que se abre el vientre)
Cayetano de Thiene
(cruz luminosa en el cielo)
Claudio
(cruz procesional de doble brazo)
David Gunston
(cruz de Malta sobre su hábito)
Elena (o Helena de Constantinopla)
(emperatriz que sujeta una cruz)
Eulalia de Barcelona
(cruz en forma de X o coronada
por un disco)
Felipe apóstol (cruz de doble brazo)
Fermín de Amiens (cruz y báculo)
Flor (cruz de Malta sobre su hábito)
Gerardo Tum
(cruz de Malta sobre su hábito)
Guillermo Apor
(cruz de Malta sobre la sotana)
Inés de Montepulciano
(cruz que cuelga de su cuello,
entregada por Jesús)
Juan Gabriel Perboyre (cruz en el cielo)
Juan de Mata (cruz roja y azul)
Juana de Aza
(madre e hijo sujetando una cruz)
Lupo de Sens (cruz arzobispal)
Margarita o Marina de Antioquía
(cruz que sujeta una mujer ante un dragón)
Matías apóstol (cruz en la mano)
Melania (cruz en la mano)
Nuestra Señora del Buen Socorro
(el Niño Jesús sujeta un globo terráqueo
coronado por una cruz)
Nuestra Señora de la Esperanza
(sujeta una cruz)
Nuestra Señora María Reparadora
(arrodillada a los pies de Cristo
crucificado)

Nuestra Señora de la Salette
(cruz con martillo y tenazas sobre el pecho)
Pedro apóstol
(cruz de triple brazo o cruz invertida)
Pedro Nolasco (cruz de doble brazo)
Ubaldesca
(cruz de Malta sobre su hábito y escudilla)

CUADERNO
Domingo Savio
(cuaderno que sujeta con las dos manos)

CUCHILLO
Bartolomé
Judith (cuchillo en la cintura)
Pedro de Verona
Zacarías (cuchillo en la garganta)

CUERDA
Andrés
Carlos Borromeo
Juan Colombini (anillo de cuerda)
Juan de Dios
Juan Ogilvie (cuerda de ahorcado)
Tomás Woodhouse (cuerda al cuello)

CUERNO
Cornelio (cuerno de caza y buey)
Eustaquio de Roma
Humberto de Tongres

*CUERPO DESNUDO
Los pequeños cuerpos desnudos, sin sexo definido y carentes de alas, simbolizan las almas.

CUERVO, CORNEJA
Benito
Expedito
Guy o Guido
Ida de Fischingen
Pablo eremita (alimentado por un cuervo)
Vicente de Zaragoza
(un cuervo defiende sus despojos)

*DALMÁTICA
La dalmática es una vestidura sagrada reservada a los diáconos.
Lorenzo

DARDO
Teresa de Ávila (le atraviesa el seno)

DEDO
Pedro de Verona
(dedo índice sobre los labios)
Vicente Ferrer
(dedo que señala hacia el cielo)

DÉESIS
Nicolás de Bari
(déesis alrededor de la cabeza, con Cristo en el nimbo)

DELANTAL
Germán Cousin (delantal lleno de flores)
Zita de Lucca

DEMONIO
Ciríaco (pisoteando a un demonio)
Guillermo de Vercelli o de Goleto
(demonio vencido)

Lidwina de Schiedam

Mística neerlandesa. Nació y murió en Schiedam (Países Bajos) 1380-1433

Obligada a guardar cama desde los quince años, a causa de una lesión que sufrió al resbalarse, Lidwina se sumió en una verdadera pasión: lentamente se fue dejando llevar por la renuncia, por la privación de la carne y el alma, por el abandono existencial...

Paradójicamente, esta destrucción constituyó un nacimiento, pues Lidwina fue comprendiendo de forma gradual que su reclusión y sus terribles carencias tenían sentido. Así fue como alcanzó la santidad y la paz de los grandes enfermos, la serenidad de todos aquellos que de pronto aceptan su condición, que reconocen en el seno de su sufrimiento extremo la pasión de Cristo, y saben que Dios está con ellos sobre esa cama de infamias y de torturas morales y físicas.

Santa Lidwina, la pequeña holandesa de Schiedam, ofreció el testimonio de la paz de los grandes enfermos. Además de las llagas, la gangrena, las infecciones, las pústulas purulentas y el hedor, tuvo que sufrir la maldad de sus allegados, que negaron siempre su santidad, así como las calumnias públicas e incluso las burlas de su cura.

Lidwina resistió gracias a las visiones y los éxtasis continuos que la embelesaban, le calmaban y le aliviaban todo su ser.

ATRIBUTOS

Estigmatizada.
Corona de rosas.
Crucifijo. Rosal.
Cama.

Luis IX de Francia

Rey de Francia. Nació en Poissy (Francia) en 1214 y murió en Túnez en 1270

ATRIBUTOS

Corona de espinas en la mano. Escudo. Representado como rey, con corona en la cabeza y escapulario flordelisado.

FUNCIONES

Patrón de la monarquía, los soldados, los constructores y los escultores. Santo patrón de la diócesis de Versalles. Se le suele invocar para curar los abscesos.

Aquel acerca del que Voltaire escribió «no le ha sido dado a nadie llevar más allá la virtud» fue coronado rey a los doce años, bajo la regencia de su madre, la devota Blanca de Castilla. En 1234 contrajo matrimonio con la hermosa Margarita de Provenza, con la que tuvo once hijos. Príncipe carismático de gran estatura y, según sus contemporáneos, dotado de un rostro de ángel que irradiaba bondad, fue un gran administrador y un hábil político que logró una fructífera paz para su reino. Luis IX tenía un temperamento en el que predominaba la sabiduría, así como un sentido de la justicia que, desde el siglo xiii, quedó plasmado en la imagen tradicional y muy popular del rey oficiando bajo un roble.

Todos sus biógrafos, como su compañero de armas Jean de Joinville, afirman que Luis seguía un modo de vida ascético: acogía, curaba y visitaba a diario a los indigentes, y asistía personalmente a los enfermos, incluso a los más contagiosos, con una generosidad y una devoción sin par. Luis IX también financió la construcción de numerosos hospitales abiertos a los indigentes, así como el célebre hospicio de los Quinze-Vingts para ciegos.

Canonizado por Bonifacio VIII en 1297, este soberano, que en vida curó a los escrofulosos, obró tras su muerte tantos milagros que se dice que los enfermos no dudaban en echarse sobre su tumba. Esta tradición se remonta al prodigio que tuvo lugar en el año 1271, cuando su hijo Felipe III ordenó trasladar sus santas reliquias desde Túnez. Durante el trayecto, permitieron que un niño que tenía un bulto en la cara se frotara la mejilla enferma con el precioso relicario que contenía los huesos del soberano. Al instante, el quiste desapareció.

Juliana de Mont-Cornillon
(demonio alado)
Luis María Grignon de Montfort
(demonio con forma humana aplastado)
Macario de Jerusalén
(demonio aplastado)
Madelberta
(demonio con alas de murciélago)
Nicolás de Tolentino
(demonio a sus pies)
Romualdo (demonio que le tienta)
Ursmaro (demonio a sus pies)

DESIERTO
María Egipciaca

DIABLO
Alberto de Mesina
(diablo encadenado a sus pies)
Bernardo de Menthon
(diablo que un diácono sujeta
con una cadena)
Genoveva
(diablo que intenta apagar el cirio
encendido que sujeta una pastora)
Hermes
(caballero que arrastra a un diablo
encadenado)
Teódulo (diablo que lleva una campana)

DIADEMA
Águeda de Catania
(diadema con perlas sobre la cabeza)

DIAMANTE
Dámaso (anillo con un diamante)

DIENTE
Apolonia de Alejandría
(diente arrancado por unas tenazas
o dientes rotos)

DISCIPLINA
Alejo Falconieri (disciplina en la mano)
Gerardo Mayela
Jacinta Mariscotti
Luis Gonzaga
Pedro de Alcántara
Pedro Damián
Rita
Rosa de Lima

DISCO DORADO
Domingo Ibáñez de Erquicia
(cruz en un disco dorado)

DRAGÓN
Armando de Maastricht
Armelio
(dragón capturado con la ayuda
de una estola)
Felipe apóstol
Gaugerico de Cambrai
(dragón a sus pies)
Hilario de Poitiers
Hilarión anacoreta
Jorge de Capadocia
(dragón atravesado por una lanza)
Juan Evangelista
(cáliz o copa de la que sale un dragón)
Lifardo (dragón empalado o cortado en dos)
Marcelo de París
(atraviesa a un dragón con su báculo
o sujeta a un dragón con su estola)
Margarita o Marina de Antioquía
(sujeta una cruz ante un dragón, aplasta a
un dragón o le hunde un pie en el ojo)

Marina de Orense
(le corta el cuello a un dragón)
Marta de Betania (diversos dragones)
Miguel Arcángel
(arcángel que aplasta a un dragón)
Narciso de Gerona (dragón a sus pies)
Nicolás de Tolentino
(pisando a un dragón)
Ouen (aplasta a un dragón)
Patricio
(dragones alrededor de sus pies)
Pol de León
(dragón arrastrado por una estola
hacia el mar)
Tugdual (dragón encadenado)
Vigor de Bayeux
(sujeta a un dragón con su estola)

E

Ejército
Anselmo de Lucca

Elefante blanco
Inés de Roma

Enfermo
Alirio de Clermont
(curando a un enfermo)
Camilo de Lelis
(mano en el hombro de un enfermo)
Eutropio de Saintes
(bendiciendo a un hidrópico)

Pedro de Luxemburgo
(curando enfermos)
Roque (curando a un apestado)

Entrañas
Elmo o Erasmo
(intestinos enrollados alrededor
de un cabrestante)
Wulmar

Ermita
Alberto de Lieja o de Lovaina

Escalera
Alejo mendigo
(escalera bajo la que vivió y murió)
Ángela de Mérici
Bartolomé
Germana Cousin (bajo una escalera)
Juan Clímaco (escalera de mano)
Romualdo
(escalera por la que suben los monjes
para acercarse al cielo)

Escapulario
Luis IX de Francia
(escapulario flordelisado)
Nuestra Señora de la Merced
Nuestra Señora del Monte Carmelo
(sujeta un escapulario)
Simón Stock
(escapulario en la mano, entregado
por la Virgen)

Escoba
Marta de Betania
Petronila de Roma

Escudilla
Benito José Labre
(escudilla mellada en la cintura)

Luis María Grignon de Montfort

Sacerdote y fundador de la Congregación de las Hermanas de la Sabiduría y de la Compañía de María. Nació en Montfort-sur-Meu (Francia) en 1673 y murió en Saint-Laurent-sur-Sèvre (Francia) en 1716

Durante el transcurso de su breve existencia, marcada por dieciséis años de ministerio sacerdotal, Luis María Grignon de Montfort efectuó más de doscientas misiones y retiros parroquiales por una decena de diócesis, recorrió ocho mil kilómetros y escribió el *Tratado de la verdadera devoción a la Santa Virgen*, compuesto por unos veinticinco mil versos de cánticos populares (tras su descubrimiento, en 1842, fue traducido a veinticuatro lenguas).

Ordenado sacerdote a los veintisiete años, este antiguo alumno de los jesuitas de Rennes (Francia) viajó a París para formarse en el pequeño seminario de Saint-Sulpice y fue nombrado capellán del hospital de Poitiers antes de ser expulsado por sus métodos poco ortodoxos.

En el año 1706, el papa Clemente XI lo nombró misionero apostólico para Francia; Luis María recorrió Bretaña, Normandía, Poitou, Saintonge y Mauges. Restauró con sus propias manos varias iglesias e inició la construcción del gran Calvario de Pontchâteau, entre 1709 y 1710.

El padre de Montfort, que falleció de agotamiento a los cuarenta y tres años, fue beatificado en 1888 y canonizado en 1947. En la actualidad, el Vaticano está revisando su caso, con vistas a elevarlo al rango de doctor de la Iglesia, un título excepcional que sólo reciben aquellos que cumplen tres criterios esenciales: una doctrina eminente, una santidad remarcable y una influencia universal.

Luisa de Marillac

Fundadora de la Congregación de las Hermanas de la Caridad.
Nació en París en 1591 y murió en el mismo lugar en 1660

ATRIBUTOS
Rosario pequeño. Acogiendo a muchachas jóvenes. Carta en la mano. Libro abierto.

FUNCIONES
Patrona de las obras y los trabajadores sociales.

Luisa de Marillac nació en el seno de una familia noble. En el año 1613 contrajo matrimonio con Antoine Le Gras, un alto funcionario de la corte con el que tuvo un hijo. Sin embargo, su vida dio un giro de ciento ochenta grados tras la muerte prematura de su esposo, en el año 1625.

Un año antes de quedarse viuda, Luisa conoció al gran Vicente de Paúl, que se convirtió en su director espiritual y que representó un gran apoyo durante este duro trance. La joven, que no se había separado del lecho de muerte de su marido, se consideraba responsable de su enfermedad, puesto que el matrimonio le había impedido tomar el velo. Al enviudar, ya no había ningún obstáculo que se opusiera a su vocación religiosa, de modo que decidió seguir los pasos de su mentor.

Durante treinta y cinco años fue su fiel discípula y su principal colaboradora: auxiliaba a los niños abandonados, a los enfermos, a los ancianos y a todos los marginados de la sociedad, primero en el marco de las cofradías de caridad que había creado Vicente de Paúl y, a partir de 1633, en el seno de la orden vicentina de las Hijas de la Caridad, que habían fundado juntos. Luisa de Marillac redactó la regla formal de esta congregación, que enseguida prosperó, y fue la primera en imponer la clausura a sus miembros. Esta pequeña mujer, que apenas medía un metro y medio de altura, la dirigió hasta su muerte.

Luisa, la gran dama de la caridad de Francia, fue canonizada en el año 1934.

Ubaldesca
  (religiosa con la cruz de Malta)

Escudo

Guillermo de Gellone
  (escudo con la media luna del islamismo)
Jorge de Capadocia
Luis IX de Francia
Margarita de Saboya
  (armas de Saboya)
Miguel Arcángel
Venceslao

Espada

*La espada puede simbolizar el
instrumento de la decapitación
o a un militar.*
Abdón y Senén
Acaz de Amiens
  (espada de madera hundida en el cráneo)
Alberto de Lieja o de Lovaina
  (espada a sus pies)
Bárbara
Bonifacio de Maguncia
  (espada que atraviesa un libro)
Catalina de Alejandría
  (espada y corona)
Cipriano de Cartago
Cristina de Tiro
Dorotea
  (mujer que lleva una canastilla,
  con una espada en el suelo)
Fabián (espada y paloma)
Fe de Agen
Gangulfo de Varennes
  (de la punta de su espada nace
  un manantial)
Gerardo de Aurillac
Gervasio y Protasio (espada y látigo)
Judas Tadeo
Julián *el Hospitalario*

Justina de Padua
  (espada hundida en el pecho o que
  atraviesa sus senos)
Kilian de Wurzburgo
Leodegario
  (espada con la que fue decapitado)
Lucía (espada clavada en la garganta)
Martina (espada a sus pies)
Matías apóstol
Mauricio de Agauno
  (espada y estandarte con siete estrellas)
Nazario (espada con la que fue decapitado)
Pancracio
  (espada con la que fue decapitado)
Pantaleón de Nicomedia
  (espada del verdugo)
Sinforiano (espada y palma)
Susana
Teódulo
Tomás Becket
  (espada con la que fue decapitado)
Valentín (espada y palma)

Espada romana

Anastasia
Donaciano
  (espada romana hundida en la nuca)
Fernando III de Castilla
  (espada romana y globo terráqueo)
Inés de Roma
  (espada romana de su martirio)
Pablo (espada romana en la mano)
Sinforiano

Espiga de trigo

Gauderico (espiga y bastón)
Isidro labrador (gavillas de trigo)

Nuestra Señora del Campo
  (sujeta una espiga)
Walburga (tres espigas)

Espina
Rita de Casia
  (espina de la corona de Cristo clavada
  en la frente)

Esqueleto
Fridolino
  (devuelve la vida a un esqueleto)
Macario de Jerusalén

Estaca
Águeda de Catania
Anastasia
Inés de Montepulciano
Inés de Roma
Juana de Arco
Policarpo
Teodoro de Bizancio

Estandarte
Félix de Valois
Gereón de Colonia
Jorge de Capadocia
Juana de Arco
Mauricio de Agauno
  (estandarte con siete estrellas)
Miguel Arcángel
Pedro Nolasco
Torpetes
Úrsula de Colonia

Estatua, estatuilla
Alejandro Sauli
  (estatua de San Pablo con la espada,
  colocada sobre la mesa)

Jacinto de Polonia
  (estatua de Nuestra Señora)
Marcelino Champagnat
  (estatua de la Inmaculada Concepción
  sobre una mesa)
Pedro Canisio
  (estatua de Nuestra Señora)

Estela luminosa que viene del cielo
Pedro Nolasco
  (la estela ilumina la campana)

Estetoscopio
José Moscati

Estigmas
Beatriz de Ornacieux
Catalina de Siena
Francisco de Asís
Pío de Pietrelcina, *el padre Pío*
Verónica Giuliani

Estilete
Deodato o Diosdado
  (estilete y libro)

Estola
Armelio
  (captura a un dragón con una estola)
Juan María Vianney
  (con sobrepelliz y con una estola
  alrededor del cuello)
Marcelo de París
  (sujetando a un dragón con su estola)

Lupo de Sens

Arzobispo de Sens. Lugar y fecha de nacimiento desconocidos.
Murió en Sens (Francia) en 643

Lupo fue un apasionado de la música y un hombre de grandes cualidades humanas.

Elegido obispo de Sens, tuvo la mala suerte de ganarse la enemistad de un abad llamado Madégesi, que sentía celos de él. Este, que deseaba hacerse con su puesto, se dedicaba a calumniarlo en la medida de lo posible. Intentó comprometerlo con historias de alcoba, pero sus acusaciones fueron ignoradas. Aunque Madégesi insistía en sus mentiras, San Lupo se limitaba a ignorarlo. Por fin, el envidioso consiguió lo que quería cuando convenció al rey Clotario para que destituyera a Lupo.

Exiliado a la región francesa de la Somme, Lupo se dedicó a convertir a los paganos de los alrededores. Fue un hombre ecuánime y bondadoso que perdonaba de buena voluntad las ofensas y que se abandonó por completo a la Providencia.

Cuando su rival fue asesinado durante unos disturbios, el santo pudo regresar a su ciudad. Su llegada fue precedida por los tañidos de una campana, regalada por Clotario para recuperar el favor de la población, que sonaba en señal de paz y armonía.

ATRIBUTOS
Cruz arzobispal.
Lobos a sus pies.
Piedras preciosas que caen de un cáliz.

Maclovio de Alet (o Macuto)

Obispo y discípulo de San Brandán. Nació en Llancarfan (Francia) a finales del siglo IV y murió en Saintes (Francia) c. 640

San Maclovio (o San Macuto), monje galo de Llancarfan, entró en el continente por la desembocadura del Rance (cerca de la ciudad con el mismo nombre) para evangelizar a los bretones. Años después, debido a las calumnias y las persecuciones, que no cesaban de importunarlo, retomó su saco de mendigo y acabó sus días en la región francesa de Charentes.

Se convirtió en el amigo encantador de las currucas, que anidaban en su capuchón. También se ganó la fama envidiable de ser el favorito de los asnos, a los que se apresuraba a liberar cuando sus irresponsables amos los cargaban en exceso.

Marón (estola grande)
Pol de León
(arrastrando a un dragón hacia el mar
con su estola)
Vigor de Bayeux
(sujetando a un dragón con su estola)

ESTRELLA

Aidan de Lindisfarne
Bruno de Colonia
(estrella sobre su sayal blanco)
Domingo de Guzmán
(estrella roja sobre la frente)
Hugo de Grenoble (visión de estrellas)
Inmaculado Corazón de María
(aureola con siete estrellas)
Juan Nepomuceno
(nimbo con cinco estrellas)
Mauricio de Agauno
(estandarte con siete estrellas)
Nicolás de Tolentino
(estrella en medio del pecho)
Nuestra Señora María Auxiliadora
(con una aureola de estrellas)
Nuestra Señora de la Sonrisa
(con una aureola de doce estrellas)
Nuestra Señora de los Viajeros
(con una aureola de doce estrellas)
Suitberto
(estrella con ocho rayos sobre el pecho)

ÉXTASIS

Alfonso Rodríguez
(María le pasa un paño por la frente)
Diego de Alcalá
Teresa de Ávila

FARO

Bárbara

FAROL

Clara de Asís (farol procesional)
Macario de Jerusalén

FILACTERIA

José María Tomasi
(filacteria con las palabras *aurite primum
regnum dei*)

FLAGELACIÓN (COLUMNA DE LA)

Brígida de Suecia

FLAGELO

Isidro Labrador

FLECHA

Agustín de Hipona
(corazón ardiente y perforado
por las flechas)
Cristina de Tiro
Edmundo
(flechas en el pecho y en la pierna derecha)
Juan de Prado
Nicolás de Tolentino
(flechas que caen del cielo)
Otón de Bamberg
Rodolfo Acquaviva
(flechas en el pecho)
Sebastián
Teresa de Ávila
Úrsula de Colonia

Flor

Ángela de Mérici (crucifijo florido)
Germana Cousin
   (flores en su delantal)
Inés de Montepulciano
   (flores bajo sus pies)
Juliana de Mont-Cornillon
   (escaramujos)
Nuestra Señora de Pellevoisin
   (con una aureola de flores)
Nuestra Señora de la Salette
   (coronada de flores y rayos)
Nuestra Señora de Seez (lirio)
Zita de Lucca (bolsa llena de flores)

Flor de lis (emblema)

Luis IX de Francia
   (escapulario flordelisado)
Luis de Anjou
   (pluvial sembrado de flores de lis)
Marculfo de Nanteuil
   (un soberano con traje flordelisado
   se arrodilla a sus pies)

Fortaleza

Ida de Bolonia

Frasco

Isabel de Portugal
   (frasco de agua transformada en vino)
Jenaro (frasco de sangre)
Pantaleón de Nicomedia
   (frasco de botica)
Walburga

Fuego

Juan de Prado
Pedro González o Telmo
Roberto de Molesmes (globo de fuego)
Valeria (globo de fuego que asciende)
Vicente Ferrer

Fuente

Bonifacio (fuente a sus pies)
Gangulfo de Varennes
   (manantial que brota de la punta
   de su espada)
Gengoult
Goustan
Hugo de Génova
   (fuente que brota para permitir
   la limpieza del hospicio)
Isidro Labrador
   (fuente que brota bajo su pala)
Julián de Cenomanum (fuente y báculo)
Quintín de Turón
Wilibrordo (fuente a sus pies)

Gafas

Alfonso María de Ligorio
   (gafas sin varillas sujetas por un cordón
   en medio de la frente)
José Gerard
Maximiliano María Kolbe
Santiago de la Marca (estuche con gafas)

Gallina

Coleta Boylet
Domingo de la Calzada
   (gallina en los brazos)

María Egipciaca

Penitente. Nació en Egipto c. 345 y murió en Palestina en 421

A los doce años, para escapar de los castigos de sus padres, María Egipciaca huyó a Alejandría y vivió de sus encantos. Tras hundirse cada vez a mayor profundidad en la corrupción de los barrios bajos donde habitaba, el espíritu de provocación y el amor al lucro le impulsaron a seguir a los jóvenes libios que se habían embarcado para realizar un peregrinaje a Jerusalén. Durante la travesía sedujo a todos los pasajeros y, al llegar a la Ciudad Santa, quiso entrar en el Santo Sepulcro y contemplar la Cruz.

Se lo impidió un icono de la Virgen, que la dejó clavada en su lugar. Cuando cobró conciencia de que había llevado una vida disoluta, pudo entrar sin dificultad en el santuario y adorar por fin la Cruz. Tras abandonar el Santo Sepulcro, siguió las instrucciones de la Madre de Dios, a la que tuvo la dicha y la gracia de honrar, y renunció a la vida que había llevado hasta entonces.

Entonces se fue al desierto, donde permaneció cuarenta y siete años, alimentándose de raíces y plantas. Zósimo, venerable religioso de Palestina, la encontró un día «totalmente negra, descarnada y sin fuerza, carente de una figura humana. Como estaba totalmente desnuda, le entregó su manto y después se interesó por su historia» *(La vida de los santos ilustrada)*. Al terminar su relato, la mujer le pidió a Zósimo que regresara al año siguiente, el día de Jueves Santo, para llevarle la comunión. Cumpliendo con su promesa, el religioso volvió un año después. Entonces, María dijo entre lágrimas: «Ahora, Señor, ya podéis dejar morir en paz a vuestra sierva».

Al año siguiente, Zósimo regresó de nuevo al desierto y encontró su cuerpo sin vida.

ATRIBUTOS

Rodeada por el desierto.
Cabello que cubre su desnudez.
Los tres panes que le permitieron sobrevivir en el desierto.

Martín I Papa

Papa y mártir. Nació en Todi (Italia) c. 590 y murió en Quersoneso (Crimea) en 656

En el siglo VII, la Iglesia dependió durante varios años de dos hombres: Martín, el obispo de Roma, y Máximo de Crisópolis, el último teólogo de la Iglesia indivisa.

Sabemos que, para imponer su paz, el Imperio romano sacrificó toda posición espiritual contraria al consenso político. Sin embargo, Martín y Máximo cometieron el error de defender la singularidad y la unidad de la espiritualidad cristiana. En este caso, la cuestión crucial se centraba en la humanidad y la divinidad de Cristo, que por fin se consideraban totalmente presentes en su persona, sin confusión ni separación. Que Jesús, Hijo de Dios, estuviera dotado de una voluntad plena y libremente humana garantizaba nuestra libertad e independencia espirituales. Nuestra relación con Dios no era fruto del infantilismo ni de una sumisión humillante, sino de nuestra propia elección. Máximo y Martín fueron los únicos que defendieron esta posición y condenaron la herejía de los monotelitas en un concilio en Letrán, contrariando así a los emperadores que deseaban que en sus fronteras reinara la paz y que, por lo tanto, debían complacer a la facción de los monofisitas, que no creían en la humanidad de Jesucristo.

El emperador bizantino acusó a Martín de elección ilegal y de hereje. En el año 653 ordenó que lo arrestaran y que lo llevaran a Constantinopla. Condenado a muerte tras ser considerado culpable de lesa majestad, Martín fue maltratado de tal forma que el patriarca de Constantinopla, a pesar de ser partidario del emperador, consiguió conmutar su pena y enviarlo al exilio en Quersoneso, en Crimea. Martín murió allí en el año 656, destrozado por los malos tratos.

Gallo
Domingo de la Calzada
Guy o Guido (gallo blanco)
Odilia
Pedro apóstol
Torpetes
Vital de Savigny

Gancho de hierro
Cristina de Tiro
(ganchos, flechas y serpientes)

Ganso
Gastón o Vedasto
(ganso estrangulado por un lobo)
Guenolé (ganso salvaje)
Milburga (varios gansos)
Rigoberto obispo

Garrote
Juan Gabriel Perboyre

Gavilla de trigo
Isidro Labrador
(gavillas de trigo y, a veces, una hoz y una
pareja de bueyes)

Globo terráqueo
Cayetano de Thiene
(globo terráqueo que sujeta el Niño Jesús,
en brazos del santo)
Enrique II
Fernando III de Castilla
(espada romana y globo terráqueo)
Francisco de Asís
(caminando sobre un globo terráqueo)
Judoco de Ponthieu
(pie sobre el globo terráqueo)
Nuestra Señora del Buen Socorro
(el Niño sujeta un globo coronado
por una cruz)

Nuestra Señora de la Consolación
(el Niño Jesús sujeta un globo terráqueo)
Nuestra Señora de Montserrat
(la Virgen y el Niño sujetan un globo
terráqueo)
Nuestra Señora de Seez
(globo terráqueo bajo sus pies)
Nuestra Señora de las Victorias
(globo estrellado sobre el que se alza
el Niño)
Roberto de Molesmes (globo de fuego)
Valeria
(globo de fuego que asciende por el cielo)
Vladimiro Basilio

Gorrión
Domingo de Guzmán
(gorrión y perro negro y blanco con una
antorcha iluminada)

Granada
Juan de Dios (granada en forma de globo)

Grilletes con bola
Félix de Valois
Juan de Mata
Vicente de Paúl

Gruta
Bernadette Soubirous
(gruta que señala un rosal silvestre)
Gregorio de Nisa
(meditando en una gruta)
Tecla de Seleucia
(en la gruta de Pablo)

GUANTE
Acardo
Gond (un único guante)

GUIJARROS
Liborio

HACHA
Bonifacio de Maguncia
(hacha hundida en un tronco de árbol)
Eutropio de Saintes
(hacha de su martirio)
José de Nazaret (hacha de carpintero)
Judas Tadeo
Matías apóstol
Olav de Noruega (hacha vikinga)
Pedro de Verona
(hacha hundida en el cráneo)
Roberto de Molesmes
(hacha a sus pies)
Sabino
Victorino (hacha y verdugo)

HALCÓN
Bavón de Gante
Gengoult (halcón en el puño)
Julián *el Hospitalario*
Teobaldo de Salánica
(joven con un halcón)

HARAPOS
Armelio
Pascasio
(persona poseída y vestida con harapos
a sus pies)

HAZ DE LEÑA
Bernadette Soubirous

HEREJE
Anselmo de Canterbury
(herejes a sus pies)

HERIDA SANGRANTE EN EL CRÁNEO
Isaac Jogues
Pedro de Verona

HERRADURA DE CABALLO
Eligio o Eloy

HERRAMIENTAS DE ZAPATERO
Crispín y Crispiniano

HIDRÓPICO
Eutropio de Saintes
(bendiciendo a un hidrópico)

HISOPO
Armelio
Marta de Betania

HOJAS, FOLLAJE
Ángela de Mérici (hojas de papel)
Felipe apóstol (cesto de hojas)
Hilarión (hábito o atuendo de follaje)
Patricio (hoja de trébol)

HORQUILLA
Arnulfo de Metz

Martín de Tours

Obispo de Tours. Nació en Panonia (Hungría) c. 316
y murió en Tours (Francia) en 397

Su padre fue un suboficial romano que le impuso el oficio de las armas en contra de su voluntad. Convertido muy a su pesar en soldado de elite de la Guardia Imperial, Martín se dedicó desde muy pronto a rechazar los honores, las condecoraciones y los combates, de modo que fue objeto de numerosas vejaciones y novatadas.

El célebre episodio que dio paso a su conversión y su bautismo suele situarse en Amiens (Francia), donde su guarnición permaneció una temporada. Cuentan que una noche glacial cruzó las murallas un pobre diablo que iba prácticamente desnudo y que temblaba de frío. Martín, sin vacilar, cortó en dos su manto y le ofreció la mitad al mendigo. Según cuenta la leyenda, la noche siguiente apareció Jesucristo siguiendo los pasos del mendigo al que había socorrido Martín. Con la certeza de haber encontrado su vocación, este tuvo que esperar a completar su servicio antes de iniciar una nueva y piadosa existencia. Algunos historiadores creen que el emperador Juliano *el Apóstata* accedió a concederle la libertad antes de hora.

Aconsejado por su guía espiritual, Hilario, el santo obispo de Poitiers, comenzó una vida nómada y vivió como eremita en Italia antes de regresar a Francia. En el año 361 fundó en Ligugé la primera comunidad religiosa del país. Elegido obispo de Tours hacia 371, distribuyó su tiempo entre la catedral, el monasterio que había en las proximidades de Marmoutier (que fue un gran centro de formación para sus discípulos) y las numerosas misiones evangelizadoras que realizó.

ATRIBUTOS

Armadura. Dando limosna. Aparición de Jesús. Con frecuencia se le representa como un caballero (legionario romano) que comparte su manto.

FUNCIONES

Patrón de la policía, el ejército de tierra y la monarquía francesa.

Mauricio de Agauno

Mártir. Lugar y fecha de nacimiento desconocidos. Murió en Agaune (Francia) a finales del siglo III

Mauricio fue un oficial eminente que estuvo al mando de una legión tebana al servicio de los emperadores Maximiliano y Diocleciano.

El obispo de Roma había pedido a los soldados de este ejército, formado por tebanos convertidos al cristianismo, que se dejaran matar en vez de servir a los ídolos que se veneraban en el Imperio.

Cuando la legión cruzó los Alpes, el emperador exigió que los soldados realizaran sacrificios en honor de los dioses paganos y juraran que exterminarían a los cristianos. Entonces, Mauricio ordenó a sus tropas levantar el campamento y anunció que no seguirían las órdenes del emperador.

Maximiliano, furioso, ordenó decapitar a un legionario de cada diez de aquella legión formada por más de seis mil hombres. Mauricio exhortó a sus tropas que aceptaran el martirio sin ofrecer resistencia y que dejaran las armas envainadas, como Jesús ordenó a Pedro la noche de Getsemaní. San Mauricio y sus hombres fueron masacrados.

Hostia

Bárbara (píxide coronada por una hostia)
Bernardo de Claraval (hostia en la mano)
José María Tomasi
  (cáliz coronado por una hostia)
Juan de Sahagún (hostia sobre el cáliz)
Juliana Falconeri (hostia sobre el pecho)
Maclovio de Alet (o Macuto)
  (cáliz y hostia)
Mauvieu (cáliz y hostia)
Tarcisio
Teresa de Ávila
  (cáliz y hostia suspendidos en el aire)

Hoz, podón

Isidro Labrador (hoz)
Trifón (podón)
Vernier (podón)
Vicente de Zaragoza (podón)

Ídolos

Sabino (ídolos rotos)
Susana (ídolos destruidos)

Iglesia en la mano o maqueta

Este atributo designa a un fundador o a un constructor de la Iglesia, así como al patrón de una diócesis.
Adelaida

Bega de Andenne
  (santuario con siete campanarios)
Berthuin (iglesia con cinco campanarios)
Clotilde
Ebrulfo de Bayeux
Elena (o Helena de Constantinopla)
Eleuterio de Tournai
Enrique II
Gerardo de Aurillac
Gerardo de Brogne
Gerardo de Toul
  (catedral de Saint-Étienne)
Gertrudis de Nivelles
Leopoldo *el Piadoso* (cenobio)
Ludgero
Meinulfo de Paderborn
Milburga
Otón de Bamberg
Patricio (iglesia sobre una meseta)
Rictrudis de Marchiennes (abadía)
Roberto de Molesmes
  (maquetas de las abadías de Molesmes
  y Cîteaux)
Romualdo (iglesia en el antebrazo)
Wilibrordo
  (iglesia gótica bajo el brazo derecho)

Incensario

Zacarías

Incienso

Marta de Betania

India

Kateri Tekakwitha (vestimenta india)

Inmaculada Concepción

Ignacio de Láconi
Marcelino Champagnat
  (estatua sobre una mesa, ante él)

Pedro de Regalado
(Inmaculada Concepción en una mandorla)

INSTRUMENTOS PARA ARAR
Isidro Labrador
Vernier

INSTRUMENTOS MUSICALES
Cecilia

INSTRUMENTOS DE LA PASIÓN
Brígida de Suecia
Clara de Montefalcone
(corazón con instrumentos de la Pasión)
Elena (o Helena de Constantinopla)
María Magdalena de Pazzi

INTESTINOS
Erasmo o Elmo
(intestinos enrollados alrededor
de un cabestrante)

JABALÍ
Ciro de Tarso

JARRA
Bernardo de Corleone
(jarra sobre una mesa)
Isabel de Hungría (cántaro)
Zita de Lucca (sujetando un cántaro)

LÁGRIMAS
Catalina Tomás

LÁMPARA
Alberto de Mesina
Guy o Guido

LAMPREA
Hermelando

LANZA
Benigno
(lanzas que atraviesan su pecho)
Guillermo de Gellone
Jorge de Capadocia
(caballero que atraviesa con su lanza
a un dragón)
Lamberto de Lieja
Margarita de Saboya
(tres lanzas en los brazos)
Mateo Evangelista
Matías apóstol
Teodoro de Bizancio
Tomás apóstol

LÁTIGO
Ambrosio de Milán
(látigo de tres colas)
Brígida de Suecia
Engracia (látigo de flagelación)
Gervasio y Protasio (espada y látigo)
Juliana de Mont-Cornillon
Juliana de Nicomedia
Nuestra Señora de la Merced
(látigo en la mano)

Maximiliano de Tebeste

**Mártir. Lugar y fecha de nacimiento desconocidos.
Murió en Tebeste (Argelia) en 295**

Maximiliano, que abrazaba con pasión la fe en Jesucristo, era hijo de un agente de reclutamiento de la armada imperial romana. En el año 295, cuando tuvo que ponerse el nuevo uniforme que le ofrecía el anciano, rechazó el servicio de las armas en nombre de la no violencia cristiana. Convocado ante el mismísimo procónsul, Maximiliano hizo una profesión de fe brillante y sin concesiones. Llegó a afirmar que no llevaría ninguna imagen al cuello, ni siquiera del emperador, y advirtió que, si le obligaban a hacerlo, la rompería.

El emperador, consciente de que Maximiliano podía tener muchos imitadores, decidió ordenar su muerte en vez de arriesgarse a que los cristianos sembraran la discordia, y la desobediencia civil y militar.

Maximiliano, agradeciendo que el procónsul le ayudara a emprender el camino del paraíso, le pidió a su padre que le diera al verdugo el uniforme que no había querido vestir. El martirio de su hijo fue tan edificante que el padre se convirtió al cristianismo de inmediato y siguió a su hijo al suplicio.

ATRIBUTOS

Enseñando con
el monograma XP
(el de Cristo).

Medardo

Obispo de Noyon y de Tournai. Nació en Salency (Francia) c. 456 y murió en Tournai (Bélgica) en 545

No se sabe gran cosa de la vida de San Medardo, salvo los detalles que aporta su leyenda, cuya historicidad presenta varios puntos cuestionables.

Nacido posiblemente en el seno de una familia noble de origen franco, fue ordenado sacerdote por San Remigio. Cuando fue nombrado obispo de San Quintín, transfirió su sede a Noyon y evangelizó al conjunto de la Picardía, en Francia, asistiendo a los pobres y convirtiéndolos al cristianismo. Consagró a la primera mujer diácona, la reina Radegunda, la desdichada mujer de Clotario, y la envió a Poitiers para que fundara la abadía de la Santa Cruz.

Medardo tenía una amabilidad proverbial y fue venerado por sus milagros. Uno de ellos fue conseguir que los soldados de Clotario devolvieran el fruto de sus pillajes a aquellos a los que habían espoliado.

Se le recuerda como un ser profundamente humano: cuando un pobre diablo perdió su caballo, Medardo corrió al establo de su padre (que era un hombre bastante rico) para ofrecerle un magnífico jumento. En cuanto su padre supo lo ocurrido, cayó una lluvia torrencial alrededor de Medardo, que permaneció totalmente seco. Bajo este signo meteorológico, que evoca a Noé navegando por las aguas del cielo, Medardo inició su carrera de santo.

Este santo «meteorólogo», que, según dicen, ejerce una acción benéfica sobre la cosecha, es el héroe del refrán popular que varía según la región y cuyo origen se remonta probablemente a la Edad Media, la época en la que su culto se practicaba con fervor: En San Medardo, si llueve de día, durará cuarenta días, a no ser que San Bernabé corte la hierba bajo sus pies. O: De Medardo a Bernabé, la lluvia debe volver.

Legionario romano
Martín de Tours (compartiendo su manto)

Lengua
Paulina (lengua arrancada)
Román de Antioquía (lengua arrancada)

León
Agapito (entre dos leones)
Blandina
Daniel de Padua (rodeado de leones)
Guy o Guido
Ignacio de Antioquía
Jerónimo
   (anciano enjuto que está cerca de un león)
Marcos (león alado)
Martina (león a sus pies)
Policarpo (varios leones a sus pies)
Riquier (león a sus pies)
Tecla de Seleucia (león a sus pies)
Zósimo

Leprosos
Julián *el Hospitalario*
Padre Damián (rodeado de leprosos)
Sigolena de Albi
   (arrodillada ante un leproso al que cura)

Levitación
Rita de Casia

Lezna
Benigno
Remigio de Reims

Libro (misal, breviario, salterio, regla...)
El libro representado puede ser un misal, un breviario, un evangeliario, la Biblia o incluso la regla de una orden. Por lo general, este atributo representa a los evangelistas, los fundadores de órdenes y los doctores de la Iglesia.
Adelaida (libro abierto ante ella)
Agrícola (libro abierto que lee)
Agustín de Hipona
   (libro cerrado que sostiene en ambas manos)
Agustín Novelli
   (libro cerrado que sostiene en ambas manos)
Alberico
   (libro abierto en la mano izquierda, que señala con la derecha)
Alberto de Lieja o de Lovaina
   (libro que lee)
Alberto Magno
Aldegunda (libro abierto en la mano)
Alfonso María de Ligorio
   (libro abierto sobre la mesa)
Alodio (salterio en la mano)
Amaro (libro abierto)
Ángela de Mérici (libro abierto)
Antonio de Padua (libro y sayal)
Basilio Magno
Bonifacio
   (evangeliario atravesado por una espada)
Brígida de Suecia
Catalina de Alejandría (espada y corona)
Celestino (señala una página)
Claudio de la Colombière
   (libro abierto con el Sagrado Corazón)
Escolástica de Nursia
   (regla benedictina en la mano derecha)
Esteban
Filiberto de Noirmoutier (regla)
Flobert (escribiendo un libro)
Ildefonso

Inés de Montepulciano
(libro en la mano izquierda)
Inés de Roma
Isidoro de Sevilla (libro que ofrece)
Joaquina de Vedruna Vidal
(mano sobre un libro cerrado)
José Gerard (libro rojo)
José María Tomasi
(libros de *Opera omnia*)
Juan Bautista de la Salle
(libro que escribe con una pluma)
Juan Evangelista
Judas Tadeo (libro y sierra)
Lamberto de Lieja
(libro abierto y bolsa con libros)
Leonardo de Noblac (libro y cadena)
Ludgero (breviario en la mano)
Luisa de Marillac (libro abierto)
Marcelino Champagnat (libro abierto)
Marcos
(escribiendo sobre un rollo de pergamino)
Mateo Evangelista
Nicolás de Bari (libro de predicación)
Nicolás de Tolentino (libro abierto)
Odilia (regla sobre la que hay dos ojos)
Pablo
Pedro apóstol (libro de las Epístolas)
Pío V (breviario abierto)
Roberto Belarmino
(libro y pluma de ganso)
Roberto de Molesmes (regla)
Romualdo (Biblia)
Teresa de Ávila (escribiendo un libro)
Tomás apóstol (misal y bastón)
Tomás de Aquino
(libro que sujeta abierto ante él)

Limosna

Albino
Diego
Euquerio
Isabel de Hungría
Ivo de Kermartin
Lorenzo
Martín de Tours
Nicolás de Bari

Lirio

Alberto de Mesina
(crucifijo entre lirios)
Alejo mendigo
Ángela de Mérici
(crucifijo cerca de un lirio)
Antonio de Padua
Camila de Auxerre
Casimiro
(sujeta un crucifijo y un lirio
en la misma mano)
Catalina de Siena (lirio en la mano)
Clara de Asís
Enrique II
Felipe Benizio (lirio en la mano)
Felipe Neri
Gerardo Mayela
Inés de Montepulciano
Inés de Roma
Juan de la Cruz
Margarita de Hungría
María Goretti
María Magdalena de Pazzi
Nicolás de Tolentino
Pulquería de Constantinopla
Rosa de Lima
Solangia
Teófilo de Corte
(crucifijo y lirio contra su pecho)
Vicente Ferrer

Nicolás de Bari

**Obispo bizantino. Nació en Patara (Asia Menor) en 270
y murió en Myra (Asia Menor) en 345**

Originariamente, su tumba descansaba en Myra, la ciudad en la que ejerció de obispo. Sin embargo, en el siglo XI se trasladó a la ciudad italiana de Bari, que se ha convertido en un lugar de peregrinaje tan importante como Roma o Santiago de Compostela.

Los católicos romanos han adoptado por completo a este gran santo ortodoxo, pues los muros que separan las Iglesias no se elevan hasta el cielo y allá donde actúan las plegarias de Nicolás no existen los cismas.

Su proverbial bondad emite un calor y un amor por la humanidad ilimitados. Todo el mundo conoce la historia de los tres huérfanos asesinados, despedazados y lanzados a un saladero por un carnicero, que fueron salvados y resucitados por Nicolás. También está la leyenda de las tres muchachas pobres y sin dote por las que, noche tras noche, Nicolás ofrecía de forma anónima un precioso tributo, hasta que el padre se dio cuenta y lo alabó, contribuyendo así a su fama.

De su tumba de mármol blanco brotan un chorrito de aceite (que escapa de su cráneo) y un hilillo de agua fría (que sale de sus miembros), que poseen virtudes terapéuticas. San Nicolás es el mensajero eterno de la paz y de la resolución dichosa de los conflictos.

ATRIBUTOS

Báculo latino o tau griega en la mano. Rezando ante la Virgen. Ancla. Como obispo, dando la bendición con los dedos en alto. Palio que le trae un ángel. Ventana a la que se asoma para dar bolsas a unas muchachas pobres.

FUNCIONES

Patrón eminente y atento de las supuestas causas perdidas. Patrón de los escolares, los educadores, los notarios, los marineros, los hombres y las mujeres estériles, los célibes, los vidrieros, los carniceros, los toneleros y los viajeros.

Otón de Bamberg

Obispo. Nació en Mistelbach (Alemania) c. 1060 y murió en Bamberg (Alemania) en 1139

Otón de Bamberg, negociador sin igual, convirtió la Pomerania en cinco días. Los jefes guerreros paganos lo llevaron a rastras por el barro, atado a un caballo, sin que dijera ni una sola palabra de queja.

Defendió con tacto y de forma acertada la separación de la Iglesia y el Estado. Avanzándose en siglos a la historia, este precursor logró aplacar las ansias de poder de los hombres, ya fueran príncipes, ya obispos. Además, zanjó con diplomacia la célebre disputa de las investiduras, que había enfrentado a más de cinco papas, seis antipapas y dos emperadores de Alemania.

Gracias a su habilidad para negociar, Otón logró sustituir la ley imperante del más fuerte por otra más justa.

LITIGANTE
Ivo de Kermartin (con dos litigantes)

LLAMAS
Antonio Abad (llamas bajo sus pies)
Brígida de Suecia (cinco llamas rojas)
Daniel Alejo Brottier
    (paloma en una llama)
Ignacio de Loyola
    (corazón perforado por las espinas,
    con una llama)
Lucía
Patricio
Peregrino Laziosi (llama en la frente)
Simón Stock
Vicente Ferrer
    (llama en la mano, que apoya en la cabeza
    o la frente)

LLAVE
Alfonso Rodríguez
Genoveva
Hermano José
Hipólito (vestido de soldado romano)
Juan de Colonia (tiara y llave en el cielo)
Marta de Betania (manojo de llaves)
Pedro apóstol
Petronila de Roma
Raimundo de Peñafort
    (llave de penitenciaría)
Riquier

Servacio de Tongres
    (llave de plata que le entrega San Pedro)
Tugen
Zita de Lucca
    (juego de llaves colgado de la cintura)

LLUVIA (GOTAS DE)
Nuestra Señora de Pellevoisin
    (gotas de lluvia que caen de sus manos)

LOBO
Brioc de Bretaña
Edmundo
    (lobo que protege una cabeza cortada)
Filiberto de Noirmoutier
    (lobo amansado)
Francisco de Asís
Gastón o Vedasto
    (lobo que estrangula a un ganso)
Gens
    (buey y lobo enjaezados al mismo yugo)
Guillermo de Vercelli o de Goleto
Herveo
Lupo de Bayeux
Lupo de Sens (lobo a sus pies)
Remaclo
    (lobo enalbardado cargado con dos cestos)
Vicente de Zaragoza

LORENA (CRUZ DE)
Fructuoso de Braga
    (báculo en forma de cruz de Lorena)

MAJESTAD (EN)
Nuestra Señora de la Buena Guardia
Nuestra Señora de Gervazy

Nuestra Señora de Liesse
   (Virgen negra)
Nuestra Señora Mediadora de Todas
   las Gracias
Nuestra Señora de Montserrat
   (Virgen negra)

MANDÍBULA FRACTURADA
Apolonia de Alejandría

MANO DE LA JUSTICIA
Marcial de Limoges

MANOS CLAVADAS O CORTADAS
Adriano (manos cortadas)
Isaac Jogues
Juan Damasceno (una mano cortada)
Pantaleón de Nicomedia
   (manos clavadas, la una sobre la otra,
   encima de la cabeza)
Sabino (manos cortadas)

MANTO
Adrián de Fortescue
   (manto con la cruz de Malta)
Bartolo Longo
   (manto blanco con la cruz de Jerusalén)
David Gunston
   (manto con la cruz de Malta)
Gilberto de Neuffonts
   (manto sobre el brazo)
Gildas *el Sabio*
   (flotando sobre un manto)
Ida de Bolonia
   (protegiendo con su manto al pequeño
   Godofredo de Bouillon)
Isabel de Francia (manto real)
Martín de Tours
   (caballero que comparte su manto)
Nuestra Señora de Banneux
   (manto blanco)

Nuestra Señora del Consuelo
   (manto que protege a varias personas)
Nuestra Señora María Reparadora
   (manto azul)
Nuestra Señora de la Medalla
   Milagrosa (manto azul)
Nuestra Señora del Sagrado Corazón
   (manto azul)
Raimundo de Peñafort
   (navegando sobre su manto)
Rosa de Viterbo
   (manto con rosas en sus pliegues)
Santiago de la Marca (manto que flota)
Úrsula de Colonia
   (manto protector con la imagen de las
   vírgenes de la misericordia)
Vicente de Paúl
   (con un niño bajo su manto)
Vladimiro Basilio
   (manto ribeteado en piel)
Waudru
   (protegiendo a sus dos hijas bajo su manto)

MANZANA
Malaquías de Armagh (manzana y ciego)

MAPA DE ESTADOS UNIDOS
Filipina Duchesne

MAQUETA
Véase *iglesia en la mano*

MAR
Nicolás de Bari
   (calma la tormenta sobre el mar; joven
   que cae al agua y sujeta una copa de oro)

Pablo

El apóstol de los gentiles. Nació de Tarso de Cilicia (Turquía) c. 5
y murió en Roma en 67

Saulo nació en Tarso, cerca de Antioquía. Sus padres, originarios de Galilea, eran judíos fariseos con ciudadanía romana. Formado en Jerusalén o en la universidad de Tarso, este intelectual brillante, que se debatía entre la cultura griega y la judía, era un gran conocedor de la filosofía y la teología, así como un adepto riguroso de la Tora. De hecho, persiguió durante casi diez años a los cristianos, antes de unirse a los perseguidos.

El testimonio de Lucas anuncia que Saulo persiguió y aprobó la lapidación de Esteban, el primer mártir de la fe. A continuación describe su brutal conversión, que tuvo lugar hacia el año 32: de camino a Damasco, le cegó una intensa luz y, lleno de estupor, oyó que Jesús le decía: «Yo soy Jesús, al que tú persigues». Tras errar en solitario durante tres días, recibió el bautismo (con el nombre de Pablo), recuperó la vista e inició su misión apostólica.

Su periplo de veinte años le condujo de Asia Menor a Grecia y de Jerusalén a Roma. Entonces se estableció en Antioquía o en Tarso, desde donde siguió manteniendo una relación epistolar con las comunidades cristianas que había creado. Tras superar pruebas y trampas, vivir dos naufragios, y soportar todo tipo de vejaciones, maltratos y ultrajes públicos, fue arrestado por primera vez en Jerusalén y encarcelado durante dos años en Cesarea. El hecho de ser ciudadano del Imperio le permitió el indulto: fue liberado en el año 63 por las autoridades, que estuvieron dispuestas a mostrarse magnánimas si accedía a poner fin a sus actividades subversivas. Sin embargo, fue detenido por segunda vez en el año 66 y decapitado (un privilegio que sólo se concedía a los romanos) al año siguiente,

ATRIBUTOS

Barco. Una espada romana en la mano (que evoca su suplicio, así como lo tajante de su oratoria, acostumbrada a la retórica grecorromana). Libro. Pluma. Rollo de pergamino.

FUNCIONES

Con Pedro, patrón de Roma. Patrón de los guanteros, los tapiceros, los canasteros y los maestros de armas. Invocado contra las serpientes venenosas (según la tradición, le mordió una víbora cuando se quedó varado en la isla de Malta tras una tormenta), los temores infantiles, el lujo y la sequía.

cerca del lugar donde más adelante se erigió en su honor la basílica de San Pablo Extramuros.

Pablo fue el primero en comprender que, para que hubiera unidad entre los cristianos, era necesario abolir las diferencias que existían entre las diversas comunidades de fieles. En contraposición a sus homólogos de la Iglesia naciente, defendía que la circuncisión (que los romanos consideraban una castración y, por lo tanto, una práctica inaceptable) y las obligaciones alimentarias de los judíos no debían ser impuestas a los nuevos cristianos. Esta tolerancia extrema y sorprendente (sobre todo si tenemos en cuenta lo legalista que fue durante su juventud) sin duda alguna se debía a su voluntad política de favorecer la conversión de los paganos y ampliar el círculo de cristianos en el mundo.

Considerado el segundo pilar del cristianismo y festejado el mismo día que San Pedro, es el único santo que recibió el título oficial de apóstol a pesar de que nunca fue compañero de Jesucristo. La importancia de su obra evangélica lo convierte en el teólogo más importante del siglo I.

Pol de León
(arrastra a un dragón hacia el mar)

MARINERO
Nuestra Señora de los Navegantes

MARTILLO
Baldomero (yunque, martillo y tenazas)
Eligio o Eloy (martillo y yunque de orfebre)
Marino (martillo de cantero)

MAZA
Fabián
(obispo de Roma con una maza
y una paloma)
Fidel de Sigmaringa
(maza con púas)
Judas Tadeo
Privado gábalo
Santiago *el Menor*
(bastón de batanero en forma
de maza)

MEDALLA MILAGROSA
Catalina Labouré

MEDALLAS
Nuestra Señora de la Medalla
Milagrosa

MEDALLÓN
Amadeo IX de Saboya
(medallón de la Orden
de la Anunciación)

MEDIA LUNA
Nuestra Señora de Guadalupe
Nuestra Señora de la Piedra
(media luna bajo sus pies)
Nuestra Señora de los Viajeros
(media luna bajo sus pies)

MEDIA LUNA DEL ISLAMISMO
Guillermo de Gellone
(escudo con la media luna)

MENDIGOS
Wilibrordo
(dando de beber a doce mendigos)

MILITAR
Martín de Tours
(militar que comparte su manto)
Mauricio de Agauno
(militar con una armadura y el cabello
crespo, que sujeta una espada y un
estandarte con siete estrellas)
Nicolás de Bari
(oficiales romanos que van a ser
decapitados)

MISAL
Véase *libro*

MITONES
Pío de Pietrelcina, *el padre Pío*

*MITRA Y BÁCULO
La mitra y el báculo son los atributos
que representan a los obispos.
Bernardino de Siena (tres mitras)
Bernardo de Claraval
(mitra en el suelo)

Bruno de Colonia
(mitra y báculo a sus pies)
Felipe Neri (mitra en el suelo)
Germán de Besanzón
(sentado, con la mitra sobre las rodillas)
Gilberto de Neuffonts (mitra a sus pies)
Luis de Anjou
(los ángeles le ponen una mitra)
Odilón de Cluny (mitra a sus pies)
Roberto de Molesmes
(maquetas de las abadías de Molesmes
y Cîteaux)

MONOGRAMA
Ignacio de Antioquía
(corazón y monograma IHS)
Ignacio de Loyola
(monograma JHS coronado por tres clavos)
Maximiliano de Tebeste
(enseñando con el monograma XP)
Teresa de Ávila
(corazón con el monograma IHS)

MOROS
Pelayo de Córdoba (un grupo de moros)

MUCETA
Antonio María
(con muceta y bonete episcopal)

MUCHACHA, CHICA
Ana (enseñando a leer a su hija María)
Nicolás de Bari
(entrega bolsas a unas muchachas pobres)
Sofía (en las nubes, tres niñas con palmas)
Valentín (curando a una joven)
Waudru (protege a sus hijas bajo su manto)

MUELA DE MOLINO
Cristina de Tiro (muela atada al cuello)

Florián (muela de molino atada al cuello)
Gerbold de Bayeux (muela atada al cuello)
Quirino
(muela de molino alrededor del cuello)
Vicente de Zaragoza
(muela unida a sus despojos)

MUERTO
Aldalberto de Praga
(un águila vela su cadáver)
Espiridión (cadáver)
Estanislao
(aves de rapiña sobre su cadáver; cadáver
cortado en pedazos; muerto que resucita)

MULA
Antonio de Padua
(con sayal franciscano, acompañado
de una mula)
Bertrán de Cominges
(mula con la cola cortada)

MULETA
Antonio Abad
Lázaro de Betania
Mauro Abad

MUÑECAS ATADAS
Adrián de Fortescue
Afra de Augsburgo

NAVETA DE TEJEDOR
Severo

NAVÍO
Nicolás de Bari (navío a la deriva)

Pacomio

**Abad y fundador del cenobitismo.
Nació y murió en Tebas (Egipto) c. 290-346**

Este legionario se convirtió al cristianismo tras quedar sorprendido ante la dulzura y la paz que irradiaban las personas que profesaban esta religión.

Vivió siete años en las montañas del Alto Egipto, donde los ángeles le dictaron una nueva regla monástica, que se convirtió en el prototipo de todas aquellas que se establecieron a partir de entonces. Esta regla fijaba la repartición de las tareas cotidianas y los servicios mutuos, a la vez que ofrecía a cada uno un espacio para la plegaria y la contemplación. Por lo tanto, Pacomio puede ser considerado el padre del monaquismo verdadero.

Fue el primero que, teniendo en cuenta las pasiones propias del alma humana —pereza, abatimiento, dominación—, elaboró una regla bastante incómoda para vencer a los más duros, pero también lo bastante suave y correctiva para evitar que los corazones se rompieran o se desviaran. Era una regla que permitía que todos los corazones se abrieran a las gracias del Espíritu, que siempre calma y consuela a aquellos que lo escuchan.

ATRIBUTOS
Ángel que se le aparece.

Patricio

Apóstol de Irlanda. Nació en Bennhaven Taberniae (Escocia) c. 390
y murió en Glamorganshire (Irlanda) c. 461

Las primeras generaciones cristianas se enfrentaron, sin recurrir a la violencia, a las creencias arcaicas que habían quedado ancladas en las tierras galas y celtas, y lograron convertir a sus habitantes sin necesidad de tribunales, «santas» inquisiciones ni ejércitos.

El combate que tuvo lugar el primer día de mayo entre los druidas y Patricio, el obispo que evangelizó Irlanda, fue una ejemplar confrontación entre una tradición que desaparecía y la implantación pacífica de una nueva esperanza. Ese día, el rey local y sus tropas prepararon una hoguera inmensa en lo alto de una colina y, según la tradición, nadie debía encender el fuego en su hogar antes de que se prendiera esta hoguera. El rito marcaba el triunfo del dios solar Belenos sobre las fuerzas oscuras, y todo aquel que lo transgrediera sería quemado vivo. Sin embargo, Patricio prendió, en lo alto de una colina vecina, el fuego de Pascua, que aquel año también se celebraba el 1 de mayo. Los druidas profetizaron que, si su hoguera no se encendía aquella noche, jamás lo haría. «Aquel que ha prendido ese fuego esta noche y el nuevo reino que iluminará con su luz se impondrán sobre nosotros».

Patricio, que se cuidó bien de despreciar o deshonrar el venerable legado de los celtas, supo ganarse el favor de los puntales de las castas druídicas, videntes, poetas, juristas y genealogistas. En su mayoría se convirtieron al cristianismo, a la vez que conservaban intacto su tesoro cultural. Estos hombres y mujeres desarrollaron una espiritualidad cristiana absolutamente auténtica, pero también muy original, que provocó conflictos irreconciliables con la burocracia clerical romana.

Nenúfar
Juan Nepomuceno

Niño
Agustín de Hipona
(niño con una concha)
Alodia y Nunilo (niñas mártires)
Ambrosio de Milán (niño en la cuna)
Ciro (niño con su madre, Julieta)
Claudio (niño arrodillado a sus pies)
Daniel Alejo Brottier
(rodeado por tres niños, negros y blancos)
Domingo Savio (monaguillo)
Felicidad
(siete cabezas de niños sobre una meseta)
Gwen
(alimentando a tres niños con sus tres senos)
Herveo (niño que le guía)
Ida de Bolonia
(protegiendo con su manto al pequeño
Godofredo de Bouillon)
Juan Bautista *el Precursor*
(niño al lado del Niño Jesús)
Juan Bosco o Don Bosco
(rodeado de niños)
Julián de Cenomanum
(niño que sale de una serpiente)
Juna de Aza
(madre e hijo que sujetan una cruz)
Justo de Beauvais
(niño con la cabeza cortada sobre el pecho)
Margarita Bourgeoys
(rodeada de niños indios)
Nicolás de Bari
(tres niños desnudos en una cubeta
o saliendo de un saladero)
Nunilo y Alodia
(la una junto a la otra, cogidas de la mano)
Rita de Casia
(recién nacida con abejas que escapan
de su boca)
Tarcisio (niño tumbado y herido)

Tugen
(niño arrodillado, con dolor de muelas)
Valentín
(niño enfermo o epiléptico a sus pies)
Vicente de Paúl
(niños bajo su manto o un recién nacido
en sus brazos)

Niño Jesús
Alberto Magno
(Virgen con el Niño, que se aparece
ante él)
Antonio de Padua
(con el Niño Jesús en brazos o aparición
del Niño Jesús)
Cayetano de Thiene
(llevando en el brazo izquierdo al Niño
Jesús, que sujeta un globo terráqueo)
Cristóbal (Niño Jesús sobre sus hombros)
Esteban Bellesini
(venerando la imagen de la Virgen
y el Niño)
Félix de Cantalicio
(Niño Jesús en los brazos)
Hermano José (Niño Jesús en los brazos)
Hugo de Lincoln
(Niño Jesús saliendo del cáliz)
Inés de Montepulciano
José de Nazaret
Juan Bautista *el Precursor*
(niño junto al Niño Jesús)
Juan de Dios (Niño Jesús con una granada)
Juan Eudes
Nuestra Señora del Buen Socorro
(Virgen con el Niño; ambos coronados)
Nuestra Señora de la Consolación
(Jesús sostiene un globo terráqueo)
Nuestra Señora de la Divina Providencia
(Jesús sentado en sus rodillas)
Nuestra Señora de la Esperanza
Nuestra Señora de Gervazy
(Jesús le tiende la mano)

Nuestra Señora de la Guardia
Nuestra Señora de Hal
   (Virgen negra con el Niño, ambos coronados)
Nuestra Señora de la Liberación
Nuestra Señora de Liesse
   (Virgen negra con el Niño)
Nuestra Señora María Auxiliadora
   (Virgen con el Niño; ambos coronados)
Nuestra Señora Mediadora de Todas
   las Gracias
Nuestra Señora de Messina
   (Jesús sujeta un globo terráqueo)
Nuestra Señora de los Navegantes
Nuestra Señora de la Piedra
Nuestra Señora de la Salud
Nuestra Señora de Tongres
Nuestra Señora de las Victorias
   (Virgen con el Niño; ambos coronados)
Nuestra Señora de Walcourt
Nuestra Señora del Campo
   (Jesús tiende el brazo para bendecir)
Nuestra Señora del Monte Carmelo
   (Virgen con el Niño; ambos coronados)
Nuestra Señora del Perpetuo Socorro
   (Virgen con el Niño; ambos coronados)
Nuestra Señora del Pilar
Nuestra Señora del Roble
   (Virgen con el Niño; ambos coronados)
Nuestra Señora del Rosario
   (Jesús sujeta un rosario pequeño)
Nuestra Señora del Sagrado Corazón
   (Jesús de pie)
Nuestra Señora del Santo Sacramento
   (Jesús sujeta un cáliz y la hostia encima)
Rosa de Lima
   (Niño Jesús en los brazos)

NUBES
Sofía
   (sus tres hijas, con palmas, aparecen
   en las nubes)

Teresa de Jesús
   (nubes sobre las que se mantiene
   derecha, rodeada de ángeles)

NUDO
Francisco de Asís
   (cordoncillo con tres nudos)
Ludmila de Bohemia
   (nudo corredizo alrededor del cuello)

OFICIAL ROMANO
Véase *militar*

OJOS
Lucía (ojos sobre un plato)
Odilia (dos ojos sobre un libro)

ÓLEOS (SANTOS)
Amable de Riom
   (un ángel que le ofrece los santos óleos)

OLIVO (RAMA DE)
Bernardo Tolomeo
Clara de Asís
   (cruz coronada por una rama de olivo)
Nicolás Albergati

OLMO
Zenobio de Florencia

ÓRGANO
Cecilia

ORILLA
Rosalía de Palermo
   (de pie junto a una orilla)

Paulino de Nola

Obispo. Nació en Burdeos (Francia) en 353 y murió en Nola (Italia) en 431

Paulino nació en el seno de una familia patricia romana. Al ser hijo del prefecto de Aquitania, fue nombrado gobernador de la Campania (Italia) en el año 378, tras realizar sólidos estudios como jurista y tener una primera experiencia como abogado. Iniciado por San Martín en los misterios de la fe cristiana, se convirtió al cristianismo y recibió el sacramento del bautismo en el año 390. Contrajo matrimonio con Teresa, una rica heredera española con la que enseguida abandonó la vida marital, pues a ambos les movía el mismo deseo de consagrarse a Dios. La pareja tuvo un hijo que murió a los pocos días de nacer y, roto por el dolor, Paulino tomó la decisión de distribuir la fortuna familiar entre los pobres y retirarse del mundo. Tras ser ordenado sacerdote en Barcelona, vivió como eremita cerca de la tumba de San Félix, en Nola, y en el año 409 se convirtió en el obispo de esta ciudad italiana. Más adelante ordenó erigir una basílica en honor a San Félix y, en sus proximidades, fundó un monasterio y un claustro destinado a la acogida de peregrinos.

Intelectual brillante, excelente teólogo y letrado, mantuvo durante toda su vida relaciones epistolares con los grandes pensadores de su tiempo, como Agustín, Ambrosio, Jerónimo y Sulpicio Severo, por citar sólo a los más famosos.

Protector de los pobres y los desdichados, que ya le consideraban un santo en vida, puso toda su inteligencia al servicio de la población, a la que protegió de los bárbaros durante las terribles invasiones de los godos.

Considerado uno de los mayores poetas cristianos, escribió magníficas odas a la gloria de Dios, así como numerosos poemas en honor de San Félix.

ATRIBUTOS

Bastón pastoral.
Campanas.

FUNCIONES

Patrón de los jardineros. Invocado por los fieles que desean protegerse de las obsesiones diabólicas.

Radegunda de Poitiers

Reina de los francos y esposa de Clotario I. Nació en Turingia (Alemania) c. 520 y murió en Poitiers (Francia) en 587

La hermosa princesa de Turingia fue capturada por los francos, los asesinos de su padre, cuando apenas tenía once años y quedó bajo la tutela de San Medardo, que debía instruirla en la religión y prepararla para sus futuras obligaciones como esposa real.

Hacia el año 536, tras la muerte de la reina Ingonda —su tercera concubina—, Clotario I la tomó como esposa. Radegunda, que tuvo que soportar la violencia y las maldades de este brutal amo al que no amaba, se refugiaba siempre que podía en la plegaria y la devoción para olvidar su tristeza. La muerte de su hermano, en represalia a una rebelión que se había producido en Turingia, la convenció en el año 555 de que debía alejarse para siempre de su atormentador.

Entonces se refugió en Poitiers, cerca de la tumba de San Hilario, y fundó un monasterio con la autorización de su anciano marido, que se había vuelto más conciliador.

Fue la madre superiora de la comunidad que fundó, que contaba con unas doscientas monjas de la nobleza franca. Este lugar empezó a ser conocido como la abadía de la Santa Cruz a partir del año 569, cuando el emperador de Constantinopla les entregó un fragmento de la preciosa madera en la que Jesucristo había sufrido su suplicio.

Radegunda vivió una existencia feliz y espiritualmente plena que fascinaba a los poderosos, subyugaba a los ricos y hacía inclinarse a los reyes. Arbitró conflictos que amenazaban con degenerar en algo peor, sofocó odios tenaces, reconcilió a enemigos e impidió gran cantidad de masacres y crímenes.

ORINAL
Cosme y Damián
   (orinal y caja de ungüentos)

OSARIO
Ambrosio de Milán

OSO
Blandina
Columba de Iona
   (a veces unido a un toro)
Columba de Sens
   (oso y plumas de pavo real)
Corbiniano de Freising
   (oso que lleva el equipaje de un obispo)
Francisco de Paula
Galo
Gastón o Vedasto
Gisleno de Hainaut (oso y águila)
Lamberto de Lieja

OSTENSORIO
Clara de Asís
Norberto de Magdeburgo
Odilia

OVEJAS
Apolinar (rodeado de ovejas)
Bernadette Soubirous
Juana de Arco
Malaquías de Armagh
   (tres ovejas enfermas)
Pascual Bailón
Pedro apóstol
Wendelino

PALA
Fiacro
Isidro Labrador
Joaquín
Mauro Abad
Roberto de Molesmes
   (pala o hacha a sus pies)

PALA DE PANADERO
Alberto de Lieja o de Lovaina
Auberto de Cambrai
Honorato de Amiens

PALETA
Lucas Evangelista
   (paleta y pinceles)

PALETA DE ALBAÑIL
Marino

PALIO
Antonino de Florencia
   (toga sobre la capa negra de los dominicos)
Nicolás de Bari (un ángel le trae el palio)
Tomás Becket

PALMA
*La palma, símbolo de la inmortalidad
del alma y de la victoria sobre la muerte
gracias a la resurrección, es el atributo
de los mártires.*

PALMERA
Paulino eremita

PALOMA

Adelino (paloma al hombro)

Agustín de Hipona

Aldegunda (una paloma sujeta su velo)

Alejo Falconieri
(grupo de palomas alrededor
de su cuerpo agonizante)

Ambrosio de Milán

Ambrosio Sansedoni
(paloma junto a la oreja)

Brioc de Bretaña (paloma sobre la cabeza)

Cirilo de Alejandría
(paloma sobre el hombro)

Columba de Rieti (paloma en las manos)

Cuniberto (paloma y ancla)

Daniel Alejo Brottier
(paloma en una llama)

David (paloma sobre el hombro)

Escolástica de Nursia
(paloma en la mano izquierda
o sobre la cabeza)

Eulalia de Barcelona
(una paloma escapa de su boca)

Fabián
(con una espada o una maza y una paloma)

Gregorio I Magno
(paloma sobre el hombro)

Ida de Fischingen

Jorge

Juan Colombini

Julia de Córcega
(paloma que sale de la boca de una mujer
con los senos cortados)

María Goretti
(sujeta una paloma con ambas manos)

Pedro de Alcántara

Pedro de Morrone

Pedro Urseolo
(paloma del Espíritu Santo)

Regina de Autun
(una paloma coloca una corona sobre
su cabeza)

Remigio de Reims

Severo

Tarcisio

Teresa de Ávila
(paloma que sobrevuela por encima
de ella)

Tomás de Aquino
(un cáliz en la mano y una paloma junto
a la oreja)

Vicente Ferrer

PAN

Adelaida de Bellich (pan en la mano)

Alberto de Lieja o de Lovaina
(pala de horno con panes)

Auberto de Cambrai
(asno cargado de cestos de pan)

Bernardo de Corleone (hogaza de pan)

Felipe apóstol

Landerico (repartiendo panes)

María de la Cruz Jugan (miga de pan)

María Egipciaca
(tres panes que le permitieron
alimentarse en el desierto)

Nicolás de Bari
(panes reemplazados en las bolsas)

Nicolás de Tolentino
(panes que recibe de las manos
de la Virgen)

Roque (perro que sujeta un pan en la boca)

Zita de Lucca (bolsa llena de pan)

Remigio de Reims

Obispo de Reims. Nació en Laon (Francia) c. 437 y murió en Reims (Francia) c. 533

Hijo del conde de Laon, Remigio fue nombrado obispo de Reims en el año 459 y fundó los asentamientos de Thérouanne, Laon y Arrás. También creó obras de caridad y un hospital en Reims, que financió con el dinero que recolectó entre los ciudadanos más ricos. Considerado por las multitudes como un santo taumaturgo, cuenta la leyenda que devolvía la vista a los ciegos, conjuraba los incendios, transformaba el agua en vino e incluso daba de comer a los gorriones en su mano.

Célebre por su dulzura y compasión, este político tan hábil como virtuoso fue, ante todo, un gran evangelizador que logró la gran hazaña de ser amigo y consejero del rey Clodoveo hasta su muerte. Remigio ofreció a su monarca consejos tan osados como sensatos: «Debéis ser el padre y el protector de vuestro pueblo. Aliviad en la medida de lo posible la carga de los impuestos y dejad sólo aquellos que las necesidades del Estado hagan imprescindibles. Consolad y proporcionad alivio a los pobres, alimentad a los huérfanos y defended a las viudas; no exijáis más de lo necesario».

San Remigio bautizó a Clodoveo en el año 496 o 498. Este hecho inició la conversión del conjunto del país, de modo que los historiadores consideran que fue el acontecimiento que dio inicio a la Francia cristiana.

ATRIBUTOS

Ampolla y paloma (según la tradición, durante el bautismo del futuro rey Clodoveo, apareció una paloma que llevaba en el pico el frasco de óleos que aseguró durante siglos la bendición del Espíritu Santo a los reyes de Francia recién coronados).

FUNCIONES

Patrón de la diócesis de Reims. Invocado por los desempleados desesperados.

Rita de Casia

Monja de la Orden de San Agustín (agustinos). Nació en Roccaporena (Italia) en 1381 y murió en Cascia (Italia) en 1457

Rita contrajo matrimonio a la fuerza con un noble arrogante y sádico que la golpeaba y la torturaba moralmente. La futura santa aguantaba estas humillaciones sin quejarse y sin poner mala cara; incluso se mostraba dulce y afectuosa con su maltratador.

Dotada de la increíble y maravillosa paz interior que consuela en la adversidad a los santos y a los sabios de todas las confesiones, soportó durante veinte años la crueldad de su marido y trajo dos niños al mundo. Un día, su malvado esposo fue asesinado y sus hijos se apresuraron a idear su venganza. La madre rezó para que desaparecieran antes de que pudieran llevarla a cabo y se retiró a un convento de las agustinas, donde inició una vida de clausura. Participó de forma mística en la pasión de Cristo y sintió una corona de espinas sobre su cabeza. Entonces, en su frente se abrió una herida que supuraba y desprendía un hedor infecto. Rita fue confinada a una zona aislada del monasterio, donde sólo los enfermos acudían a visitarla. Todos ellos fueron curados.

Pañuelo
Godeleva de Ghistelles
(pañuelo alrededor del cuello)
Ludmila de Bohemia
(pañuelo alrededor del cuello)
Luis Gonzaga
Nuestra Señora de la Asunción
(pañuelo azul)

Parrilla
Lorenzo
Vicente de Zaragoza

Pastora
Germana Cousin
Juana de Arco

Pecho herido
Águeda de Catania
(pecho desnudo y mutilado por los verdugos)
Benigno
(lanzas que atraviesan su pecho)
Edmundo
(flechas en el pecho y en la pierna derecha)
Justina de Padua
(espada hundida en el pecho o atravesando ambos senos)
Pedro de Verona
(puñal clavado en el pecho)
Rodolfo Acquaviva
(pecho perforado por las flechas)

Pectoral
Willibaldo o Wilebaldo
(pectoral y cinco virtudes)

Penitente
Benito José Labre
(un rosario alrededor del cuello)

Perfume
María Magdalena
(mujer de largos cabellos y rico atuendo, con un frasco de perfume)

Perro
Bernardo de Claraval (perro blanco)
Bernardo de Menthon
(perro con una cantimplora al cuello)
Domingo de Guzmán
(perro blanco y negro, con una antorcha encendida y un gorrión a su lado)
Gildas *el Sabio* (dos perros)
Margarita de Cortona
(un perro le muerde el dobladillo de su hábito)
Otón de Bamberg
Pedro Canisio
Roque
(vestido de peregrino; un perro lame sus heridas o sujeta un pan en su boca)
Solangia
Tugen (perro rabioso)

Peso
Flobert (pesos sobre la mesa)

Pez
Antonio de Padua
Arnulfo de Metz
(pez que sostiene su anillo episcopal en la boca)
Gerardo de Brogne
Hermelando (lamprea)
Isberga (anguila en la mano)
Kentigerno (anillo en la boca de un salmón)
Pol de León
(pez con una campana en el vientre)
Ulrico de Augsburgo
(pez en la mano, que apoya sobre un libro; ave de corral transformada en pez)

Zenón
(pez enganchado a la voluta de su báculo)

PIEDRA
Esteban (piedras)
Felipe apóstol (piedras)
Gerardo de Toul (piedra en la mano)
Luciano de Antioquía
(piedra al cuello)
Lupo de Sens
(piedras preciosas que caen de un cáliz)
Macario de Gante
(piedra en la mano)
Remaclo (piedras)
Tarcisio (piedras)

PIEL
Bartolomé
(piel que cuelga de su brazo)
Crispín y Crispiniano
(piel cortada en bandas)
Juan Bautista *el Precursor*
(hombre vestido con pieles de animales)

PIERNA
Peregrino Laziosi
(una pierna herida o vendada)

PIES CORTADOS
Antolín de Pamiers

PIEZA
Amadeo IX de Saboya
(pieza de oro entregada a los pobres)
Lorenzo (cáliz lleno de piezas de oro)
Mateo Evangelista (monedas)

PIJAMA A RAYAS DE DEPORTADO
Marcelo Callo
Maximiliano María Kolbe

PILA DE AGUA BENDITA
Margarita María de Alacoque

PILA BAUTISMAL
Silvestre I

PILAR
Nuestra Señora del Pilar
(Virgen con el Niño en brazos,
sobre un pilar)

PÍXIDE
Bárbara
(píxide coronada por una hostia y torre)
Jacinto de Polonia
Juan Soreth

PLUMA
Alberto Magno
Alfonso María de Ligorio
Anselmo de Canterbury
Bárbara (pluma de pavo real)
Columba de Sens
(plumas de pavo real y oso)
Juan Bautista de la Salle
Liborio (plumas de pavo real)
Marcos
Pablo
Roberto Belarmino
Teresa de Ávila
(pluma en la mano derecha)
Tomás de Aquino

PLUVIAL
Luis de Anjou
(pluvial sembrado de flores de lis)

Roberto de Molesmes

Fundador de las abadías de Molesmes y Cîteaux, e iniciador de la reforma cisterciense. Nació en Champagne (Francia) en 1029 y murió en la abadía de Molesmes, en Borgoña (Francia), en 1111

Roberto se pasó la vida intentando ceder su cargo de abad. Abrumado ante la pereza de los frailes, las indulgencias y los favores ilícitos, intentó en vano enderezar la vida monástica. El papa lo envió a Molesmes, donde fue abad de diversas ermitas anacoretas que se escondían en lo más profundo del bosque.

Roberto despreciaba la opulencia de las abadías demasiado bien dotadas para practicar las duras disciplinas. Prefería la austeridad a las prebendas y, para predicar con el ejemplo, dormía en el suelo de una choza construida con ramas.

Fundó la abadía de Molesmes, que prosperó con rapidez. Pero los monjes, poco dados a la austeridad, le decepcionaron una vez más. Entonces, Roberto reunió a una veintena de valientes y partió hacia Cîteaux (Francia), donde fundó una abadía junto a Alberico y Esteban Harding. Este lugar le permitió vivir su vocación en una paz recobrada que no tenía nada que ver con los placeres de la mesa ni con los ociosos descansos que ensombrecían las órdenes corruptas. La gran reforma cisterciense, impulsada por Roberto, ofreció un remanso de paz contemplativa a la cristiandad occidental, excesivamente mundana.

ATRIBUTOS

Ángel que sujeta un tintero. Anillo pastoral que la Virgen le da a su madre. Pala o hacha a sus pies. Libro de la regla. Maquetas de las abadías de Molesmes y Cîteaux. Globo de fuego.

Roque

Mártir. Nacido y muerto en Montpellier (Francia) 1295 (¿?)-1327 (¿?)

A pesar de que se le conoce, principalmente, por las leyendas que han magnificado su vida como peregrino, Roque sigue siendo uno de los santos más venerados en Francia, sobre todo al sur del Loira.

Roque nació en el seno de una familia adinerada de Montpellier. Hay pocos elementos históricos fiables alrededor de su persona, pero se dice que, tras legar todos sus bienes, viajó a Roma, donde se curó milagrosamente de la peste que había contraído al estar en contacto con los numerosos enfermos a los que curaba.

Según la tradición, se retiró a un bosque, donde fue sanado por un ángel, y fue su perro quien lo alimentó dejando cada día una hogaza de pan a sus pies. Al regresar a su país, fue acusado injustamente de espionaje y condenado a prisión, donde murió en la más absoluta privación y soledad. Según cuenta la leyenda, la marca de nacimiento en forma de cruz que tenía en el pecho permitió la identificación de su cadáver, pues tras cinco años de privaciones, su cuerpo era absolutamente irreconocible.

POBRES
José Benito Cottolengo
(acogiendo a los pobres)
Nicolás de Bari
(dando bolsas a unas muchachas pobres)
Nicolás de Tolentino
(haciendo donaciones a los pobres)

POSEÍDO
Albino (poseído a sus pies)
Pascasio
(a sus pies, persona poseída y vestida
con harapos)

POSTE
Águeda de Catania (poste al que está atada)
Quintín
(atado al poste de tortura y sometido
al suplicio de los clavos)

POZO
Coleta Boylet
(pozo de la samaritana con gallina)
Sansón de Dol

PRISIÓN
Juan de Mata (en cautividad, encadenado)
Martín I Papa
Nicolás de Bari
(prisión en la que reza arrodillado)
Regina de Autun
(cruz en un halo sobre el muro
de una prisión)

PUERCO
Véase *cerdo*

PÚLPITO
Vicente Ferrer
(predicando en el púlpito)

PUNZÓN
Benigno
(leznas hundidas en cada uno de sus dedos)
Espiridión

PUÑAL
Gengoult (puñal en la mano)
Pedro de Verona
(puñal clavado en el pecho)
Sadoc (puñal en el corazón)
Solangia (puñal en el seno derecho)

PUPITRE
Brígida de Suecia
Teresa de Ávila
(pupitre con un libro encima)

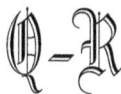

QUERUBINES
Gertrudis de Helfta

RANA
Pirmino
Régulo de Senlis
(ranas a las que ordena callar)

RASTRILLO DE CARDAR
Blas
Santiago *el Mayor*
Severo

Ratas
Gontrán de Borgoña

Ratón
Gertrudis de Nivelles

Rayo
Nuestra Señora de Guadalupe
(en un rayo)
Nuestra Señora de la Medalla
Milagrosa
(rayos que escapan de sus manos)
Nuestra Señora del Perpetuo Socorro
(rayos alrededor de la cabeza)
Nuestra Señora de la Piedra
(Virgen con el Niño sobre un fondo
de rayos)
Nuestra Señora de la Salette
(coronada de flores y rayos)
Nuestra Señora de los Tres Avemarías
(tres rayos salen de su corazón)
Nuestra Señora de los Viajeros
(rayos que salen de sus manos abiertas)

Rayo luminoso
Acardo (rayo de sol al que une sus guantes)
Bernardo de Corleone
Escolástica de Nursia
(rayos luminosos que proceden del cielo)
Francisco de Asís (rayos y estigmas)
José María Tomasi
Pedro Urseolo
(rayo que le acaricia el rostro)
Rita de Casia
(crucifijo y rayos; rayo luminoso
en la frente)

Red
Andrés (red de pescador)
Blandina de Lyon

Regadera
Fiacro

Regla
Véase *libro*

Reja de arado
Cunegunda

Relicario
Gerardo de Toul (relicario del Santo Clavo)
Nicolás Albergati (relicario en la mano)

Reloj de arena
Jerónimo de Estridón

Retrato de la virgen
Esteban Bellesini
(venera la imagen de la Virgen y el Niño)
Gerardo Mayela
(imagen de la Virgen sobre la mesa)
Lucas Evangelista

Rey
Luis IX de Francia
(corona en la cabeza y escapulario
flordelisado; corona de espinas en la mano)

Río
Luciano de Beauvais
(cruza un río transportando su cabeza)

Rollo de pergamino
Alejandro I
Ivo de Kermartin
(rollo de pergamino en la mano)

Rosa de Lima

Religiosa de la Tercera Orden de Santo Domingo.
Nació y murió en Lima (Perú) 1586-1617

Hija de españoles, Isabel Flores de Oliva era tan célebre por su belleza y su tez rosada que todos la llama-
ban *flor de Lima*. Sin embargo, ella se frotaba la piel
con pimienta para desalentar a sus pretendientes. Incluso se dice que se quemó las manos con cal viva porque alguien había alabado su suavidad con demasiado
entusiasmo.

De familia pobre, realizó trabajos de jardinería desde muy joven, antes de unirse a la Tercera Orden de
Santo Domingo a los veinte años, fascinada por el mo-
delo espiritual que representaba, a sus ojos, Santa Catalina de Siena. Aunque pasaba recluida la mayor parte
de su tiempo, esta gran mística aprovechaba sus pocas
horas de libertad para ocuparse de los pobres. Estuvo
gravemente enferma los tres últimos años de su vida,
pero nunca abandonó sus actividades caritativas. In-
vestigada por la temible Inquisición, se sometió con
éxito a las preguntas de los jueces, que no encontraron
nada que reprocharle. Tras su muerte, los peruanos la
honraron con unos solemnes funerales.

Considerada la fundadora del servicio social de
Perú, fue la primera santa canonizada en el Nuevo
Mundo, en el año 1671.

ATRIBUTOS

Ancla a sus pies, a
veces con una
fortaleza. Crucifijo en
los brazos. Disciplina.
Corona de rosas o de
espinas sobre la
cabeza, en ocasiones
sujeta por los
ángeles. Rosas en la
mano. Tallo de lirio.
Niño Jesús en los
brazos. Mano
derecha sobre
el pecho.

FUNCIONES

Patrona de Perú,
América del Sur y
Filipinas. Protectora
de los floristas y los
jardineros. Invocada
contra las
inflamaciones
crónicas de las
mucosas (ella padecía
frecuentes catarros)
y el eccema.

Marcos (rollo de pergamino)

Pablo

Rumoldo de Malinas
(rollo de pergamino en la mano)

Tomás de Aquino
(un cáliz en la mano, una paloma junto
a la oreja y un rollo de pergamino)

Rosario

Alain de la Roche

Alfonso Rodríguez

Benito José Labre
(rosario alrededor del cuello)

Domingo de Guzmán

Guillermo de Gellone

Pío V

Reineldis

Rosario pequeño

Alfonso María de Ligorio

Benito José Labre
(rosario pequeño en la mano izquierda)

Camilo de Lelis
(rosario pequeño en la cintura)

Catalina Labouré
(rosario pequeño entre sus manos unidas)

Domingo de Guzmán

Esteban Bellesini
(rosario pequeño sobre una mesa)

Francisco de Paula
(rosario pequeño en la cintura o en la mano)

Gerardo Mayela
(rosario pequeño en la cintura)

Jacinto María Cormier

José de Calasanz
(rosario pequeño en la cintura)

Juan Berchmans
(rosario pequeño enrollado alrededor
del crucifijo)

Juan Macías
(rosario pequeño alrededor del cuello)

Juan Pelingotto

Judith
(rosario en la cintura o en la mano)

Juliena de Mont-Cornillon
(rosario pequeño en la cintura)

Luis María Grignon de Montfort
(rosario pequeño en la cintura)

Luisa de Marillac

Marcelino Champagnat

Nicolás de Tolentino
(rosario pequeño en la cintura)

Nuestra Señora de Banneux
(rosario pequeño en el brazo derecho)

Nuestra Señora de Lourdes
(rosario pequeño en el brazo)

Nuestra Señora del Rosario
(rosario pequeño que sujeta el Niño Jesús)

Pedro Canisio

Reineldis (rosario pequeño y bordón)

Roque (rosario pequeño en la cintura)

Salvador de Horta Grionesos

Rosas

Acisclo
(joven coronado con rosas,
junto a Santa Victoria)

Alejo mendigo (rosas)

Casilda de Toledo
(rosas en los pliegues de la túnica)

Cristina de Tiro (corona de rosas)

Gertrudis de Helfta (rosal)

Hermano José (cáliz y tres rosas)

Isabel de Hungría
(rosas en los pliegues de la túnica)

Lidwina de Schiedam
(corona de rosas; rosal)

Nicolás de Tolentino
(rosas que reemplazan las donaciones
que hace a los pobres)

Rita de Casia (rosal en los brazos)

Rosa de Lima
(corona de rosas; rosas en la mano)

Rosa de Viterbo
  (rosas en los pliegues del manto)
Rosalía de Palermo
  (corona de rosas blancas o rosas
  en los cabellos)
Teresa de Jesús
  (rosas que esparce sobre el mundo desde
  el cielo; crucifijo adornado con rosas)

RUECA
Gertrudis de Nivelles
Solangia

RUEDA
Aniceto
Bernardo de Claraval
Catalina de Alejandría (rueda rota)
Donaciano de Reims
  (rueda que sostiene cirios)

SÁBANA CON EL ROSTRO DE CRISTO
Verónica

SABLE
Eulogio de Córdoba
  (sable con el que fue decapitado)

SACO DE MENDIGO
Félix de Cantalicio
Fromundo
Ignacio de Láconi

Juan *el Limosnero*
Macario de Jerusalén
Wendelino

SAGRADO CORAZÓN
Claudio de la Colombière
  (libro abierto con el Sagrado Corazón)
Faustina
  (mostrando la imagen del Sagrado Corazón)
Juan Eudes

SALTERIO
Véase *libro*

SAPO
Hilario de Poitiers

SAYAL
Antonio de Padua
  (sayal, libro, Niño Jesús, mula, peces,
  corazón ardiente, lirio)
Bruno de Colonia
  (sayal blanco de los cartujos
  con una estrella)
Francisco de Asís
  (sayal marrón de los franciscanos
  y cordoncillo con tres nudos)
Francisco Coll y Guitart
  (sayal blanco de los dominicos, sentado
  y con la capucha puesta)

SENOS
Águeda de Catania
  (senos cortados sobre una bandeja;
  tenazas que cortan sus senos)

Gwen
(tres senos que alimentan a tres niños)
Julia de Córcega
(senos cortados; una paloma sale
de su boca)

Serpiente
Agrícola
(serpiente en el pico de una cigüeña)
Amable de Riom (serpientes)
Amando
(serpiente retrocediendo a sus pies)
Armando de Maastricht
(serpiente en la mano o a los pies)
Benito de Nursia
(copa de la que escapa una serpiente)
Cristina de Tiro
(gancho de hierro, flechas y serpientes;
serpiente que le lame los pies)
Espiridión
Felipe apóstol
Ferréolo
(cáliz sobre el que se alza una serpiente)
Germán de Escocia
(serpiente monstruosa)
Ginés de Clermont (serpiente en la mano)
Honorato de Arlés (grandes serpientes)
Julián de Cenomanum
(niño que sale de una serpiente)
Luis Beltrán
(cáliz del que escapa una serpiente)
Nuestra Señora de Gracia
(sus pies aplastan una serpiente)
Nuestra Señora de los Viajeros
(serpiente bajo sus pies)
Patricio
(serpientes alrededor de sus pies)

Pirmino
Sansón de Dol
Viridiana
(serpientes dominadas)

Sierra
Alton
Ciro de Tarso
José de Nazaret
Judas Tadeo (libro y sierra)
Simón apóstol

Sillón de la virgen
Catalina Labouré

Sobrepelliz
Juan María Vianney
(con sobrepelliz y con una estola
alrededor del cuello)

Sol
Columba de Iona
(obispo con un oso y el sol sobre
la cabeza o el pecho)
Francisco de Paula
(sol que brilla en el cielo y muestra
la palabra *cáritas*)
Tomás de Aquino
(sol que ilumina su pecho)

Soldado romano
Expedito
Hipólito
Nazario
Quirino de Neuss

Sombrero
Fromundo (sombrero grande)
Roque (sombrero de ala ancha)
Wendelino (sombrero grande)

Teresa de Jesús
(o Teresita de Lisieux)

**Religiosa de la Orden del Carmelo y doctora de la Iglesia.
Nació en Alençon (Francia) en 1873 y murió en Lisieux (Francia) en 1897**

Tras ingresar en la Orden del Carmelo en el año 1888, Teresa rechazó con valentía la engañosa paz y se consagró por completo a salvar a todos aquellos que, siendo ateos convencidos, no creían en Dios. Caminaba por su humilde celda orando por sus contemporáneos, que, agnósticos e indiferentes, aceptaban la nada de su existencia o afrontaban estoicamente la «noche de esta vida».

Teresa descubrió, para su gran asombro, que los no creyentes eran reales y sinceros. Entonces quiso sentarse a su mesa y compartir con ellos el pan de la amargura. Lentamente se fue sumergiendo en las tinieblas del ateísmo por solidaridad espiritual. Tras realizar la noche de Pascua el sacrificio de su paz, decidió vivir las angustias y los dolores de la no paz interior, sufrir como creyente la tortura infernal de aquellos que no se planteaban la idea de que pudiera existir un dios. Por el amor que sentía hacia los hombres y las mujeres de su tiempo, Teresa se sumergió junto a ellos en el infierno de la nada de las almas y, en su noche mística, logró tocar el fondo del desamparo de millones de seres humanos. Sólo Jesucristo podía responder a Teresa. Y fue sorprendente que lo hiciera por boca de su coetáneo, Silouane del monte Athos, que también había consagrado su vida a orar por la salud de todos, ateos incluidos. Las palabras de Silouane fueron: «¡Mantén tu espíritu en el infierno, pero no desesperes!».

Teresa fue canonizada en el año 1925.

ATRIBUTOS

Nubes sobre las que se mantiene derecha, rodeada de ángeles. Rosas que esparce sobre el mundo desde el cielo. Sujetando ante sí un crucifijo adornado con rosas.

FUNCIONES

Patrona de las misiones. Segunda patrona de Francia.

Venceslao (o Wenceslao)

Duque de Bohemia y mártir. Nació en Stochov (República Checa) en 907 y murió en Boleslav (República Checa) en 929

«No penséis que he venido a traer paz al mundo. No he venido a traer paz, sino guerra. He venido a causar discordia: a poner al hombre contra su padre, a la hija contra su madre y a la nuera contra su suegra, de modo que los enemigos de uno serán sus propios familiares» (Mateo, X, 34-36).

Venceslao I, joven rey de Bohemia, ilustró trágicamente estas perturbadoras palabras de Cristo. Tras la muerte de su padre se convirtió al cristianismo, al igual que su abuela, mientras que su madre regente y su hermano pequeño continuaron abrazando los ritos paganos. La guerra estalló en el seno de la familia real y amenazó con extenderse por el conjunto del reino. Venceslao profesaba de forma pública su creencia en los ídolos, pero celebraba la misa a escondidas mientras esperaba su coronación. Cuando subió al trono, se apresuró a llamar a los sacerdotes perseguidos y la paz se extendió por el reino.

Venceslao fue un rey muy piadoso. Él mismo preparaba el pan de la eucaristía y servía el vino de sus viñas en el cáliz durante el sacrificio divino. Pero su familia, que no abandonó sus creencias, deseaba su muerte. Un domingo, mientras se dirigía a misa, su hermano, jefe del partido pagano, lo abordó en la plaza de la iglesia, desenvainó su espada y lo hirió con torpeza. Venceslao sacó su arma y lo amenazó, pero al instante cambió de opinión, le perdonó su ingratitud de todo corazón y se dejó asesinar delante de una estupefacta multitud.

Sombrero de cardenal

Buenaventura de Fidanza
Felipe Neri
(sombrero de cardenal en el suelo)
Jerónimo de Estridón
(sombrero de cardenal en el suelo)
Juan Soreth
(sombrero de cardenal a sus pies)
Pedro de Luxemburgo
(sombrero de cardenal en el suelo)
Vicente Ferrer

Sotana

Guillermo Apor
(sotana y cruz de Malta en el pecho)
Juan Bosco (sotana y bonete)
Vicente de Paúl (sotana negra y bonete)

Tábano

Narciso de Gerona (enjambre de tábanos)

Tallo de lirio

Rosa de Lima

Tenazas

Águeda de Catania
(tenazas que cortan sus senos)
Apolonia de Alejandría
(diente arrancado por unas tenazas)
Baldomero (yunque, martillo y tenazas)
Eligio o Eloy

Teresa de Lisieux

Daniel Alejo Brottier
(Santa Teresa de Lisieux en el cielo)

Tetramorfo

El tetramorfo, que en sus orígenes era la representación de los cuatro animales que tiraban del carro que vio Ezequiel en su visión, se ha convertido para los padres de la Iglesia en el emblema de los cuatro evangelistas: el toro simboliza a Lucas; el león, a Marcos; el águila, a Juan, y el hombre alado, a Mateo.

Tiara

Aniceto
Clemente I (ancla y tiara)
Felipe Benizio (tiara a sus pies)
Juan de Colonia (tiara y llave en el cielo)
Mayolo de Cluny (tiara a sus pies)
Pedro de Morrone (tiara a sus pies)
Sofía

Tijeras

Anastasia

Tonel

Teódulo
Vicente mártir
Wilibrordo
(tonel en el que hunde el extremo del báculo)

Toro

Blandina
Columba de Iona (toro unido a un oso)
Francisco de Solano
(llevando a un toro por los arneses)
Lucas Evangelista

Salvio
Saturnino de Tolosa (toro a sus pies)
Silvestre I
(toro salvaje a sus pies, que ha resucitado)

TORRE
Bárbara
(torre en forma de faro con tres ventanas)
Justa y Rufina
(Giralda de Sevilla y palma)
Tomás Felton (torre de Londres)
Wilfrido de York (torre y vasija)

TRAJE
Bartolo Longo

TRÉBOL
Patricio (hoja de trébol)

TRIÁNGULO
Atanasio de Alejandría
(triángulo de la Santísima Trinidad
rodeado de gloria)
José de Nazaret
Judas Tadeo
Mateo Evangelista
Tomás apóstol

TRICORNIO
Benito José Labre
(tricornio roto bajo el brazo izquierdo)

TRIGRAMA
Luis Gonzaga (trigrama IHS)
Santiago de la Marca
(trigrama de Bernardino de Siena: JHS)

TROMPETA
Vicente Ferrer

TRONCO
Bonifacio
(tronco de árbol con un hacha hundida)
Juan de Dios (tronco alrededor del cuello)
Nuestra Señora del Roble
(Virgen en el tronco de un roble)

TRONO
Alberto Magno (sentado en un trono)
Pedro apóstol
(sentado en un trono, con las llaves
en la mano)

TÚNICA
Casilda de Toledo
(vestida con una rica túnica con rosas
en los pliegues)
Isabel de Hungría
(túnica con rosas en los pliegues)
Margarita de Cortona
(un perro muerde el dobladillo
de su túnica)
Nuestra Señora de la Asunción
(túnica blanca)
Nuestra Señora de Gracia (túnica blanca)
Nuestra Señora María Protectora
(túnica y manto blancos)
Nuestra Señora María Reparadora
(túnica roja)
Nuestra Señora de la Merced
(túnica blanca)
Nuestra Señora de las Nieves
(túnica blanca)
Nuestra Señora de Oroux
(túnica blanca con el bajo recortado)
Nuestra Señora de Pellevoisin
(túnica blanca)
Nuestra Señora del Sagrado Corazón
(túnica blanca)

Vicente de Paúl

**Fundador de la Congregación de la Misión y de la Hijas de la Caridad.
Nació en Pouy (Francia) en 1581 y murió en París en 1660**

La vida de Vicente de Paúl dio un giro de ciento ochenta grados cuando conoció a dos grandes hombres de la Iglesia: Pedro de Berulle y Francisco de Sales. Ambos fueron testigos de excepción de la promesa que hizo Vicente de consagrar su vida a los indigentes, y ambos le proporcionaron, cada uno a su manera, los medios para lograrlo. El futuro cardenal Berulle lo nombró preceptor de los hijos del señor Gondi, el general de las galeras del rey, de modo que Vicente pudo acceder al poderoso círculo de protectores que tanto necesitaba para financiar sus obras. Por su parte, el obispo de Annecy lo dejó al cargo de la dirección espiritual de las visitandinas de Juana Francisca de Chantal (de la que fue confesor privado), mostrándole así una confianza que no hizo más que reafirmar su decisión. Fue entonces cuando Vicente inició su obra de caridad, a la que se entregó en cuerpo y alma.

En el año 1619, el señor de Gondi permitió que Vicente compartiera los bancos de los remeros de las galeras para ofrecerles consuelo y apoyo moral. A partir de 1624 y gracias a la ayuda de la señora de Gondi, puso en marcha una misión de evangelización permanente para los campesinos analfabetos que vivían en sus dominios. Entonces germinó en su interior la idea de formar sacerdotes especializados en apostolado rural. El proyecto cobró forma con la fundación de la compañía de los Sacerdotes de la Misión (lazaristas), cuya sede se instaló en la antigua leprosería del priorato de San Lázaro.

Aproximadamente en la misma época, Vicente permitió que su discípula Luisa de Marillac, que coordinaba desde hacia tiempo la red de cofradías de caridad, pronunciara sus votos perpetuos y redactara la regla

ATRIBUTOS

Sotana negra.
Mostrando un
crucifijo. Niños bajo
su manto o un recién
nacido en sus brazos.
Grilletes con bola.

FUNCIONES

Patrón de las obras
de caridad, los
hospitales y los
prisioneros. Protector
de los niños
abandonados.

formal de la Congregación de las Hijas de la Caridad de San Vicente de Paúl, más conocidas como las Hermanas de la Caridad. Entonces iniciaron múltiples acciones destinadas a poner fin a la estremecedora miseria en la que vivían la mayoría de sus contemporáneos: crearon los primeros comedores públicos en San Lázaro, instituyeron una gran obra social para los huérfanos (la futura asistencia social), enviaron misioneros al extranjero, liberaron esclavos cristianos en África...

San Vicente de Paúl fue canonizado en 1737.

Turbante

Abdón y Senén
(con traje persa y turbante)
Clara de Asís (pisoteando un turbante)
Juan de Capistrano (turbante en el suelo)

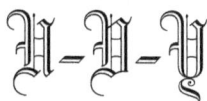

Ungüento

Anastasia (caja de ungüentos)
Cosme y Damián
(caja de ungüentos y orinal)
María Magdalena
(mujer de largos cabellos y rico atuendo,
con un bote de ungüento)

Unicornio

Justina de Antioquía
Justina de Padua

Uvas

Homero (racimo de uvas)
Morando (racimo de uvas sobre un libro)
Teódulo (racimo de uvas)
Urbano I papa (vino y uvas)
Vicente de Zaragoza
Vicente mártir (racimo de uvas y palma)

Vara en forma de tau

Romualdo

Varas

Benito de Nursia

Vasija

Marta de Betania
Wilfrido de York

Velo

*Por lo general, la representación de una
joven cubierta por un velo simboliza a
una virgen.*
Adelaida
(corona real con un pequeño velo)
Águeda de Catania
(velo sobre la cabeza)
Aldegunda (una paloma sujeta su velo)
Gregorio de Tours (velo sobre la cabeza)
Inés de Roma (velo de prometida)
Isabel (anciana con un velo sobre la cabeza)
Mónica
(mujer anciana con cinto y velo,
rodeada de religiosos agustinos)
Nuestra Señora de Banneux
(cabeza inclinada y cubierta por un velo)
Nuestra Señora de la Divina Providencia
Nuestra Señora de Fátima
(velo blanco con el borde dorado)
Nuestra Señora de Gracia (velo azul)
Nuestra Señora de Guadalupe
Nuestra Señora de Loreto
Nuestra Señora de Lourdes
Nuestra Señora María Protectora
Nuestra Señora de las Nieves
(velo blanco)
Nuestra Señora de Oroux (velo blanco)
Nuestra Señora de la Paz
Nuestra Señora de Pellevoisin
(velo blanco)
Nuestra Señora del Sagrado Corazón
Nuestra Señora de los Viajeros

VENDAS
Lázaro de Betania

VENTANA
Nicolás de Bari
(se asoma para dar bolsas
a unas muchachas pobres)

VERDUGO
Cucufato (verdugo que le corta el cuello)
Facundo y Primitivo
(verdugo que les corta el cuello)
Victorino (verdugo y hacha)

VID
León IX
Vernier (cepa de vid)

VINO
Isabel de Portugal
(frasco de agua transformada en vino)
Santiago de la Marca
(copa de vino envenenado)
Urbano I papa (obispo con vino y uvas)

VIOLÍN
Francisco de Solano
Ginés de Arlés

VIRGEN NEGRA
Nuestra Señora de Hal
Nuestra Señora de Liesse

Nuestra Señora del Puy
Nuestra Señora de Montserrat
Nuestra Señora de Walcourt

VÍRGENES
Úrsula de Colonia
(con 11 000 vírgenes)

VISIÓN
Hugo de Grenoble
(visión onírica de estrellas que
anuncian la llegada de Bruno con sus
compañeros)
Pedro Nolasco (visión de Jerusalén)

YUGO
Gens
(yugo en el que se unen un buey
y un lobo)

YUNQUE
Baldomero
(yunque, martillo y tenazas)
Eligio o Eloy
(yunque de orfebre)

ZAPATOS
Eduvigis o Hedwig de Sajonia
(polainas en los pies)

ZUECO
Bernadette Soubirous

Zita de Lucca

Doncella. Nació y falleció en Lucca (Italia), c. 1212-1272

Zita, una joven pobre y muy piadosa, empezó a trabajar como doncella para una acomodada familia a los doce años de edad. Hasta el día de su muerte, cumplió con sus obligaciones sin perder nunca la ocasión de ayudar a los pobres: con frecuencia renunciaba a su comida para alimentar a los hambrientos, prestaba gustosa su cama a los enfermos y acogía a los peregrinos que estaban de paso. Cuando tenía un poco de tiempo libre, lo dedicaba principalmente a la oración.

A su muerte, los señores de la casa en la que trabajaba estaban tan convencidos de su santidad que decidieron enterrarla en el panteón familiar, en la iglesia de San Frediano de Lucca.

ATRIBUTOS

Sujetando un cántaro o llevando una bolsa llena de flores o de pan. Juego de llaves en la mano o colgado a la cintura. Ataviada con un delantal.

FUNCIONES

Patrona de la ciudad de Lucca, de los camareros, los cuidadores de niños y los empleados domésticos. Invocada para encontrar bebida, pues cuenta la leyenda que, gracias a sus plegarias, un día logró convertir el agua en vino mientras ofrecía hospedaje a un peregrino que estaba de paso.

Bibliografía

AMBROGI, Pascal-Raphaël. *Le sens chrétien des mots.*
   Tempora, 2008.
BARNAY, Sylvie. *Les saints, des êtres de chair et de ciel.* Gallimard, col.
   «Découvertes», 2004.
BAUDOUIN, Bernard. *Le grand livre des saints, les connaître, les célébrer, les prier.* Éditions De Vecchi, 2007.
BAUDOIN, Jacques. *Grand livre des saints, culte et iconographie en Occident.*
   Créer, 2006.
BERTHOD, Bernard; HARDOUIN-FUGIER, Élisabeth. *Dictionnaire iconographique des saints.* Les Éditions de l'Amateur, 1999.
BITON, Dominique. *Les saints de la solidarité et de la charité.* Éditions De Vecchi,
   2000.
BUZWELL, G. *Los santos en los manuscritos medievales.* Ed. Turner, 2007.
DES GRAVIERS, Bernard; JACOMET, Thierry. *Los santos y sus símbolos,* Ed. Folio,
   2006.
FLOHIC, Jean-Luc, (dir.). *Points de repère. Pour comprendre le patrimoine.* France.
   Flohic Éditions, 1995.
GIORGI, Rosa. *Les Saints. Guide iconographique.* Hazan, 2009.
LE TOURNEAU, Dominique. *Les Mots du christianisme.*
   Fayard, 2005.
MONTES, José María. *Los santos en la historia: tradición, leyenda y devoción.*
   Alianza Editorial, 2008.
MORALES, José. *Los santos y santos de Dios.* Ed. Rialp, 2009.
RENAULT, Christophe. *Reconnaître les saints et les personnages de la Bible.* Éditions Jean-Paul Gisserot, 2003.
REPETTO, Jose Luis. *Todos los santos: santos y beatos del martirologio romano.*
   Biblioteca de Autores Cristianos, 2007.
VARENNE, Jean-Michel. *Les Saints de la paix.* Éditions De Vecchi, 2000.
VV.AA. *Santos: día a día, entre el arte y la fe.* Everest, 2006.

DEL MISMO AUTOR

Le Deuxième Jour. Éditions de la Grisière, 1969.

Dis-moi jamais. Éditions Saint-Germain-des-Prés, 1971.

Les Sociétés civiles, en colaboración con Michel Galimard.
 PUF, col. «Que sais-je?», 1981.

Ordres et contre-ordres de chevalerie, en colaboración con Arnaud Chaffanjon. Mercure de France, 1982; premio Mottard de la Academia francesa.

Mai 88, l'outsider, bajo el seudónimo colectivo de Serge Lagarde. Belfond, 1987.

Le Livre roi, chroniques d'un bibliophile. Librairie Giraud-Badin, 1989.

Neuf siècles de l'ordre souverain militaire et hospitalier de Saint-Jean de Jérusalem de Rhodes et de Malte, bajo el seudónimo de Claude de la Salles. La Tradition vivante, 1989; reed. 1992.

Les Chevaliers de Malte. Des hommes de fer et de foi. Gallimard, col. «Découvertes», 1998.

Des hospitaliers de Saint-Jean aux chevaliers de Malte. Narodna biblioteka Srbije, Belgrado, 1998 (edición trilingüe: francés, inglés y serbio).

Noblesse, mode d'emploi. Dictionnaire à l'usage des nobles et des autres. Éditions Christian, 1999.

Le Bibliophile d'aujourd'hui. Arts & Métiers du livre éditions/SGED, 1999.

La Princesse et la Peuhl. Carnets africains. Séguier, 2001; ilustraciones del autor.

La Légion d'honneur. Un ordre au service de la nation, en colaboración con Anne de Chefdebien. Gallimard, col. «Découvertes», 2002.

Être bibliophile. Séguier, 2004; ilustrado por Tipi.

Histoire de l'ordre de Malte. Perrin, 2006; reed., col. «Tempus», 2010.

Ordres et décorations en France, catálogo colectivo. Museo Nacional de la Legión de Honor y de las Órdenes de Caballería, 2006.

Les Éponymes de l'automobile au xxᵉ siècle. Cibié Éditions, 2007.

La Poignée de porte. Séguier, 2008.

Bibliofolies. Chroniques d'un bibliophile, La Bibliothèque, 2008.